GUIDE PRATIQUE

DU

CERTIFICAT D'APTITUDE

PÉDAGOGIQUE

RECUEIL DE PLANS

ÉLABORÉS PAR DES COMITÉS DE CORRECTION

REVUS ET MIS EN ORDRE

PAR MM.

V. ARNOUX	**A. HANNEDOUCHE**
Inspecteur de l'Enseignement primaire	Inspecteur de l'Enseignement primaire
Officier d'Académie	Officier d'Académie

PARIS

LIBRAIRIE D'ÉDUCATION A. HATIER

33, QUAI DES GRANDS-AUGUSTINS, 33

1894

GUIDE PRATIQUE

DU

CERTIFICAT D'APTITUDE

PÉDAGOGIQUE

GUIDE PRATIQUE

DU

CERTIFICAT D'APTITUDE

PÉDAGOGIQUE

—

RECUEIL DE PLANS

ÉLABORÉS PAR DES COMITÉS DE CORRECTION

REVUS ET MIS EN ORDRE

PAR MM.

V. ARNOUX	**A. HANNEDOUCHE**
Inspecteur de l'Enseignement primaire	Inspecteur de l'Enseignement primaire
Officier d'Académie	Officier d'Académie

———

PARIS

LIBRAIRIE D'ÉDUCATION A. HATIER

33, QUAI DES GRANDS-AUGUSTINS, 33

—

1894

INDEX

Cet ouvrage contient :

1° Une préface renfermant des conseils aux aspirants et aux aspirantes pour la préparation de leur examen ;

2° Les extraits des lois, décrets, arrêtés et circulaires qui se rapportent au certificat d'aptitude pédagogique ; les programmes et les règlements modèles annexés à l'arrêté du 18 janvier 1887 ;

3° 50 plans développés, savoir : 25 ayant trait à des questions de pédagogie générale et théorique et de psychologie ; 25 traitant de pédagogie pratique ;

4° 8 sujets traités, avec l'indication en marge des notes et observations des correcteurs. Les futurs candidats y trouveront d'excellents conseils et d'utiles indications ;

5° Un appendice où les candidats trouveront des directions très nettes sur deux des questions les plus importantes dans la pratique journalière de l'enseignement primaire : « *La préparation des Leçons* », et : « *La correction des Devoirs* ».

PRÉFACE

CONSEILS AUX CANDIDATS

I

La possession du certificat d'aptitude pédagogique étant la condition essentielle et indispensable de la titularisation, il est évident que la première préoccupation des jeunes maîtres sortis de l'École normale doit être la conquête de ce diplôme. Une ou deux années les séparent encore du moment où ils auront à accomplir leur service militaire : c'est ce temps qu'il leur faut mettre scrupuleusement à profit. De cette façon, les uns pourront subir l'examen avant de partir pour l'armée ; les autres, et c'est le cas le plus ordinaire, n'auront, à leur retour du régiment, qu'à reprendre durant quelques mois leur préparation interrompue, et seront vite en mesure d'affronter les épreuves qui les attendent.

Quelle sera cette préparation ? Sur quel point doit-elle porter ? Comment doit-elle être conduite ?

* *

Le mot de « pédagogie » a le don d'inspirer une sainte horreur aux trois quarts des jeunes membres du personnel de l'enseignement primaire. Il nous en coûte de faire cette constatation, mais nous rendrons service à nos lecteurs en leur disant la vérité, que nous aimons par-dessus tout. La vieille déesse dont ils se sont faits les prêtres leur apparaît sous des traits si revêches et avec un air si maussade qu'ils ne s'aventurent que bien rarement à lier conversation avec elle. C'est surtout vers l'âge de dix-neuf ou vingt ans, quand l'École normale leur ouvre ses portes, que les instituteurs, encore novices, frémissent d'effroi en entendant prononcer son nom, et, si on leur dit qu'ils devront pourtant faire un jour sa connaissance, ils répondent par un sourire, tout ensemble ennuyé et ironique, qui dit suffisamment ce qu'ils en pensent.

Il n'y a sourire qui tienne : il faut faire de la pédagogie.

La chose vraiment n'est ni aussi ennuyeuse ni aussi difficile qu'elle en a l'air. Vous allez vivre désormais au milieu des enfants, vous aurez à tâche de développer toutes leurs facultés, d'ouvrir à la vie ces jeunes esprits et ces jeunes cœurs; vous rechercherez les meilleures méthodes d'enseignement, les moyens les plus efficaces et les plus rationnels de cultiver leur intelligence et leur âme, et vous ne voudriez pas étudier la pédagogie ! Mais vous serez amenés à le faire malgré vous, à votre insu. Chaque jour, votre mémoire s'enrichira de mille petites observations de toute nature sur la psychologie de l'enfant et sur la manière dont il convient de le former; à mesure que vous acquerrez l'expérience qui vous fait défaut, votre savoir pédagogique ira s'augmentant sans cesse, pour peu que vous remplissiez vos fonctions avec conscience et avec goût. Ne craignez pas d'observer sans cesse ce petit monde qui s'agite sous vos yeux, étudiez-le avec complaisance, rendez-vous bien compte des résultats que vous obtenez par tel ou tel procédé, et vous inventerez alors sans peine des méthodes originales et des procédés nouveaux, car il y a toujours à glaner dans ce champ si vaste. Vous trouverez nécessairement la raison de ces procédés ; alors vous mettrez par écrit, en un style simple, au jour le jour, à mesure qu'elles vous seront suggérées, vos *réflexions pédagogiques*.

Le cahier où seront consignées ces réflexions ne vous quittera pas durant votre stage. Vous le consulterez souvent, vous aurez à cœur de le rendre aussi complet que possible, et peu à peu vous vous en assimilerez le contenu avec d'autant plus de facilité qu'il sera le fruit de votre travail personnel. Écoutez enfin les avis des maîtres plus âgés que vous, ayant plus que vous la pratique de l'enseignement ; profitez de tout ce que vous verrez et entendrez : vous serez surpris de la promptitude avec laquelle vous deviendrez des maîtres habiles, rompus à toutes les choses du métier.

*
* *

Voilà pour la partie pratique de votre rôle. Mais cela ne suffit pas : il vous faut étudier la pédagogie théorique. La tâche vous paraîtra peut-être un peu ardue. Ayez donc le courage d'aborder la difficulté bien en face. Rassurez-vous, du reste : vous en viendrez aisément à bout, d'autant plus aisément que l'École normale vous aura préparés à cette étude. Et d'ailleurs la pédagogie théorique touche de si près à la pédagogie pratique, se confond si souvent avec elle, que les deux se soutiendront mutuellement.

Commencez par la psychologie : c'est la base de toute bonne pédagogie, et dans votre préparation vous aurez souvent besoin d'y recourir. Mais ne vous bornez pas à la psychologie des manuels, et même négligez-la à peu près totalement. En revanche, étudiez l'enfance, c'est cette psychologie-là qui vous importe le plus. Commencez par bien vous connaître vous-mêmes, ne craignez pas de vous analyser souvent et franchement, faites des retours nombreux sur votre passé et rappelez-vous le temps où vous étiez enfants, vous aussi : à cette condition seule, vous pourrez bien étudier les autres, vous rendre compte de leur caractère, de leurs aptitudes, de leurs pensées, de leurs intentions. L'enfance n'est ni assez rusée ni assez dissimulée pour vous apparaître tout autre qu'elle n'est réellement : observez-la avec attention, acquérez-en une connaissance aussi complète que possible; vous n'en serez que mieux préparés à remplir vos délicates fonctions, et, par suite, à mieux raisonner des choses de la pédagogie.

**
**

Enfin, étudiez les livres de pédagogie. Cette étude est le complément indispensable de ce que vous avez fait jusqu'alors : elle fortifiera, coordonnera vos souvenirs personnels et les remarques que vous avez pu faire, leur donnera plus de certitude, de solidité et d'étendue; vous verrez traitées la plupart des questions qui vous intéressent, vous apprendrez à les saisir dans leur ensemble, vous emmagasinerez des connaissances qui vous seront nécessaires au jour de l'examen. Car, ne l'oubliez pas, c'est l'examen écrit qui doit d'abord et le plus spécialement vous préoccuper.

Mais, si vous avez à étudier des livres de pédagogie, cela ne veut pas dire que vous deviez les apprendre par cœur, comme vous feriez d'un précis de grammaire ou d'histoire de France. Savoir par cœur alors n'est pas savoir. Vous avez par-dessus tout à les comprendre, à les digérer, à les faire vôtres ; le mot à mot ne serait qu'encombrant et inutile ; évitez de grâce d'être des perroquets savants. Réfléchissez sur ce que vous lisez, méditez-le, éclairez-le des lumières de votre propre expérience, et vous aurez réellement appris et retenu quelque chose.

****

Vous arriverez ainsi à posséder un fonds de connaissances solide et étendu, sans lequel, vous le savez, il n'est guère possible d'affronter les épreuves écrites d'un examen. Il vous reste à vous préparer d'une façon efficace et sérieuse à cet examen écrit. Il n'est pas de meilleur moyen que celui-ci : faites de temps à autre, et le plus souvent possible, des devoirs de pédagogie. Tous les journaux d'enseignement en proposent et les corrigent moyennant une légère rétribution, quelquefois même gratuitement ; souvent aussi, il se trouvera que dans votre arrondissement l'inspecteur primaire aura institué un comité de correction, qui se chargera d'annoter les devoirs qu'il donnera chaque mois à traiter aux instituteurs stagiaires de la circonscription. Vous avez donc la partie belle. Mais sachez bien qu'il y a certaine manière de traiter un sujet, de façon à en tirer tout le profit possible. C'est ce que nous voudrions « tâcher de vous faire comprendre ».

II

Un sujet est donné à traiter. Voyons ce que font les candidats.

Neuf fois sur dix, leur première parole est celle-ci : « Où trouverais-je bien quelque chose là-dessus? » Et voilà qu'ils se mettent en quête d'ouvrages de pédagogie, frappant à toutes les portes, puisant dans leur petite bibliothèque, dans celle de leurs collègues, dans celle du titulaire, sans oublier la bibliothèque pédagogique qui ne s'ouvre du reste qu'en cette occasion. Alors la moisson commence. A tel auteur on prend une phrase, à tel autre un paragraphe, à un troisième toute une page; ou parfois, on se contente simplement de copier dans un même livre le sujet presque entier et l'on s'efforce de déguiser le plagiat sous des substitutions de mots, des interversions de phrases, des coupures plus ou moins adroites. Nous avons entendu plus d'une fois des instituteurs nous communiquer leurs petites « recettes » et nous en avons vu plus d'un aussi les mettre en pratique. — La récolte terminée, si l'on a puisé un peu à toutes les sources, on assemble de son mieux les fragments qu'on a pu réunir, on essaye — pas toujours — de leur donner

un petit air d'originalité, et la tâche est accomplie ; c'est
ce plat que l'on sert au correcteur.

Le malheur est que le correcteur ne s'y laisse pas prendre.
Il n'est pas peu surpris de trouver, dans des devoirs différents, dont les auteurs habitent quelquefois bien loin
l'un de l'autre, des paragraphes de dix ou quinze lignes
offrant au point de vue des idées et du style une ressem-
blance presque parfaite ; et cela, cinq, huit, dix fois dans
une série de trente ou quarante mémoires. Cette constata·
tion suffirait à elle seule pour prouver quel usage exces-
sif les candidats ont fait des traités de pédagogie. Mais
il y a mieux. Comme il est rare que le sujet proposé se
trouve traité exactement et complètement dans un livre,
les jeunes maîtres n'ont pu que rassembler un peu au
hasard toutes les idées et toutes les phrases découvertes
par-ci par-là dans les ouvrages spéciaux. Il en résulte
ordinairement un ensemble diffus et confus, sans cohé-
sion et sans homogénéité, mosaïque bizarre et disparate,
où le lecteur le plus attentif, en dépit de tous ses efforts,
s'égare sans y comprendre grand'chose. On y cherche en
vain cet ordre rigoureux et cette forte unité qui sont les
qualités primordiales de toute composition. Les phrases
se succèdent sans se lier ; de longs développements sont
absolument inutiles ; il arrive qu'on dit toutes sortes de
choses, excepté justement celles qu'il faudrait dire. On
accepte les yeux fermés les idées du livre: celui-ci est
un guide infaillible dont on n'a nul besoin et peut-être
nul droit de contrôler les affirmations; de là, des erreurs
ou des contradictions quelquefois extraordinaires. On
trouve singulier ensuite que le correcteur n'ait pas
accepté telle phrase ou telle idée empruntée à l'ouvrage
de M. X*** ou de M. Y*** ; on oublie que tout est relatif

et que M. X***, M. Y***, et le jeune instituteur qui proteste, se sont placés à des points de vue différents. Et puis, les idées qu'on a glanées de toutes parts n'ont pas été assimilées ; on n'en a compris d'une manière exacte et complète ni la signification, ni la portée, et on les exprime alors à sa manière, dans une langue embarrassée et obscure qui achève de les rendre incompréhensibles.

Mais surtout le devoir ainsi composé est d'une sécheresse et d'une stérilité désolantes. Vous n'en avez pas lu vingt lignes que déjà vous en êtes las. Rien n'y décèle l'effort personnel, rien n'y porte la marque de quelque originalité ; ce plagiat monotone est fade et rebutant. Heureux encore le lecteur qui peut saisir le fil du développement et comprendre les idées sous la gaucherie du style dont elles sont habillées !

III

Nous ne prétendons pas pour cela que les jeunes instituteurs qui veulent aborder les épreuves du certificat d'aptitude pédagogique doivent laisser de côté les ouvrages de pédagogie et se donner pour règle de n'en lire aucun. Nous avons dit le contraire tout à l'heure et nous avons essayé de démontrer combien il leur était nécessaire d'acquérir avant tout une culture générale, un fonds de connaissances aussi varié qu'étendu, se composant de notions précises sur les principales questions de la pédagogie et de la psychologie. Nous ne voulons pas dire non plus qu'étant aux prises avec un sujet, ils doivent s'abstenir totalement de consulter un livre et ne demander qu'à leur mémoire et à leur jugement les idées qu'ils auront à développer. Nous leur conseillons au contraire de toujours s'aider du secours du livre, de le consulter tout au moins, de le prendre comme guide, de lui demander des conseils comme ils feraient à un homme expérimenté.

Mais entendons-nous bien. Lire un livre, s'en inspirer, lui emprunter même des idées, ce n'est pas du tout le copier plus ou moins textuellement, sans avoir bien réfléchi sur ce que l'on copie et sans l'avoir nettement compris. Vous avez à traiter un sujet quelconque ? Avant toute chose, méditez-le bien, appliquez-vous à le comprendre, voyez au juste ce que l'on vous demande ; puis, tirez de votre fonds les développements qu'il comporte, explorez-en toutes les parties, faites-vous-en, en un mot, une idée personnelle. Ne craignez pas d'y réfléchir longuement, de faire un vigoureux effort d'esprit : votre intelligence sortira de là disciplinée et fortifiée ; cette gymnastique salutaire lui donnera tout ensemble souplesse et vigueur. Alors, mais alors seulement, ouvrez un livre, lisez dans ce livre les pages qui se rapportent à la question que vous étudiez, voyez les points que vous avez omis, les aperçus qui vous ont échappé, les erreurs où vous êtes tombés. Corrigez, rectifiez, complétez, en ayant soin de ne demander au livre que des idées, jamais des phrases. Surtout, négligez impitoyablement toute idée que vous n'auriez pas parfaitement comprise : si vous la faites entrer dans votre développement, vous ne saurez évidemment où l'enchâsser, ni comment l'exprimer ; il n'en résultera qu'obscurité ou incohérence.

Ce point est essentiel : assimilez-vous les connaissances que vous puiserez dans les ouvrages auxquels vous aurez recours; imprégnez-vous-en plutôt que vous n'en conserverez le mot à mot. Croyez-en notre sage Montaigne, ce vieux maître que vous citez à tout propos et que vous suivez bien moins souvent : soyez comme l'abeille qui « pillote de çà de là le suc des fleurs pour en composer son miel, qui n'est plus ni thym ni marjolaine. » Ensuite remettez-vous à l'ouvrage et rédigez consciencieusement vos notes. De la sorte, vous aurez grande chance d'avoir étudié la question d'une façon suffisamment complète, et votre travail aura cet avantage inappréciable d'être bien vôtre, d'être marqué de ce cachet d'originalité, de personnalité qui fait à lui seul la plus grande valeur des ouvrages d'esprit.

C'est surtout au jour de l'examen que cette habitude de la réflexion et de l'effort vous semblera précieuse. Si vous vous êtes accoutumés à ne jamais travailler sans le secours d'un livre, que ferez-vous quand ce secours vous manquera et que vous serez abandonnés à vous-mêmes ? En vain vous vous efforcerez de ressaisir dans votre mémoire la trace de vos rapides lectures et de vos emprunts d'autrefois : vous y perdrez votre temps et votre peine. Vous ne saurez que bavarder au hasard, sans ordre, sans suite et sans succès, croyez-le bien. Il vous manquera ce qui vous serait indispensable alors : l'habitude du travail sérieux, de l'action, de la réflexion.

IV

Il ne saurait être question ici d'un cours de composition et de style à l'usage des aspirants au certificat d'aptitude pédagogique. Quelques conseils cependant pourront ne pas leur être inutiles. En leur signalant les défauts où tombent le plus communément ceux de leurs collègues qui s'exercent à traiter les sujets que proposent les journaux pédagogiques ou les comités de correction, peut-être seront-ils mieux préparés à les éviter.

Le plus général, comme aussi le plus grave de ces défauts, est sans contredit le vague, l'obscurité. On se demande trop souvent ce qu'a voulu dire le candidat, ce qu'il a essayé de démontrer. De longs paragraphes se suivent sans qu'on puisse savoir quelle idée précise ils développent, ni quel lien les rattache aux paragraphes qui les précèdent ou qui les suivent, ni quelle place ils tiennent dans l'ensemble. C'est que le développement ou le style manquent d'ordre, de proportion, de précision.

* *

L'ordre est la première condition de la clarté ; cette vérité est assez évidente pour n'avoir pas besoin de démonstration. Et pourtant, nos candidats ne paraissent pas toujours le savoir ni en être persuadés. Il leur arrive de finir par où ils auraient dû commencer, de revenir à plusieurs reprises sur les mêmes idées ou les mêmes faits sans que rien justifie pareille répétition, de développer un même point en deux ou trois parties que sépare le développement d'autres idées. Ils placent bien en tête de leurs copies des plans (?) interminables qui occupent une page et plus; mais ils ne savent pas que ces longs résumés (ce ne sont pas des plans) ne prouvent pas du tout que leur composition soit bien ordonnée, que le plan n'a nullement besoin d'être placé en tête du devoir, mais qu'il doit, en revanche, se dessiner avec netteté au cours du développement. « Tout sujet est un. » Il faut que cette unité apparaisse avec force, que le lecteur se sente conduit d'une main sûre vers un seul but, vers une seule conclusion ; et pour cela, il est nécessaire de disposer les idées dans un ordre logique et rigoureux. C'est au candidat à méditer son sujet et son plan, et à découvrir cet ordre.

* * *

La proportion, l'équilibre entre les diverses parties du devoir ne sont pas moins indispensables à l'unité. Tous les correcteurs connaissent ces longs préambules qui n'ont avec le sujet qu'un rapport très lointain, et dans lesquels néanmoins les stagiaires loquaces semblent bavarder à plaisir. On a lu déjà toute une page et l'on se demande encore où l'auteur veut en venir et pourquoi, au lieu d'entrer bien vite au cœur du sujet, il s'est arrêté à écrire vingt-cinq ou trente lignes de généralités absolument inutiles. Notez que ces généralités ne peuvent pas seulement s'appliquer au cas présent, mais qu'elles conviennent un peu à tous les genres de sujets : les pauvrettes sont accommodées à toutes les sauces ; demain, ou le mois prochain, vous les retrouverez, légèrement modifiées pour la circonstance, en première page d'un autre devoir.

Plus loin, pareille chose se renouvelle. L'auteur s'éloigne à tout propos de son sujet ; une idée lui vient à l'esprit : il l'explique, la tourne et la retourne, la suit jusqu'au bout, et voilà qu'il s'écarte de sa route une fois de plus. « Il n'est pas question de cela, » telle est l'annotation qui revient à chaque instant en marge des devoirs corrigés. A tout prix, il faut pourtant ne dire que ce qui est nécessaire. Tout ce qu'il faut, mais rien que ce qu'il faut.

A ce même défaut s'en rattache un autre : les idées principales ne sont pas assez mises en relief, de façon à former comme la charpente du devoir et à grouper autour d'elles les idées secondaires. Encore un précepte que nos candidats feront bien de loger en un petit coin de leur mémoire : pas d'ordre véritable, pas de vive clarté, si l'on ne distingue l'essentiel de l'accessoire, si chaque partie n'est traitée plus ou moins longuement, selon son importance. Il nous souvient d'avoir corrigé autrefois une série de devoirs où il était question « de la mémoire, des exercices propres à la développer, des excès à éviter ». Eh bien ! les candidats, pour la plupart, avaient commencé par exposer tout au long les avantages et les caractères d'une bonne mémoire ; mais, par contre, ils avaient jugé utile de traiter sommairement la dernière partie. De telle sorte qu'ils avaient consacré le quart et même le tiers de leur développement à démontrer une vérité qui est pour tous évidente : avantages d'une bonne mémoire, — tandis qu'ils avaient négligé le plus important : excès à éviter, comment cultiver la mémoire sans nuire au jugement.

A ces causes d'obscurité s'en joint trop souvent une autre : la faiblesse du style. C'est à croire que le langage de la pédagogie ne soit pas accessible à nos jeunes maîtres. Rares sont ceux d'entre eux qui parviennent à s'exprimer dans un français simple, net et précis. Diffusion, vulgarité, sécheresse, verbiage : tels sont les défauts les plus communs. Les impropriétés y fourmillent ; des phrases interminables sont de véritables énigmes. On cherche pourquoi elles ont été placées là, comment elles se lient à ce qui précède et à ce qui suit, quelle idée elles expriment, quelle est la valeur de cette idée. D'autres fois, voilà que tout à coup nos jeunes auteurs semblent enfourcher Pégase : ils accumulent avec fracas les mots sonores ; ils déclament avec un accent tragique ; ils entassent les unes sur les autres toutes les figures du langage ; ils invoquent la patrie, l'humanité, et l'avenir et les vertus civiques, là où l'on s'attendait le moins à les voir paraître et où il n'en est pas question le moins du monde. Ils s'essoufflent ainsi un quart d'heure durant. Et que sort-il de leurs belles phrases retentissantes et creuses ? Pas même du vent. Il est des devoirs qui sont des chefs-d'œuvre de nullité et d'incohérence. Toutes les vieilleries imaginables s'y trouvent rassemblées : récriminations amères et injustes contre le passé, formules banales et vides qui n'ont ni rime ni raison, vieux clichés dont l'antiquité fait sourire. Nous pourrions citer de nombreux extraits de copies que nous avons eues sous les yeux soit dans les examens, soit dans les comités de correction ; extraits, où l'incohérence des idées le dispute à la vulgarité du style et aux incorrections grammaticales. Nous ne le ferons point, par respect pour nos lecteurs, par respect aussi pour notre belle langue française.

Ces défauts du style tiennent parfois à l'étourderie des candidats ; ils s'illusionnent sur la difficulté du sujet : leur paraît-il familier et facile? ils se hâtent, laissent courir leur plume à bride abattue, remplissent des pages sans prendre la peine de soigner leur style. — Il leur serait pourtant si facile d'éviter cet écueil !

Comment s'étonner de tout cela ? Les maîtres de l'enseignement primaire ne lisent pas; c'est une vérité qu'on crie bien haut depuis quelques années et qui n'est malheureusement que trop vraie. Dès lors comment pourraient-ils parler leur langue avec sûreté et élégance ?

Ils ne sauraient donc trop s'adonner à la lecture et à la méditation des bons auteurs : c'est là seulement qu'ils acquerront ce qui leur fait défaut : le bon goût, le goût littéraire. Ils ne sauraient trop non plus suivre les conseils de Boileau :

> Vingt fois sur le métier remettez votre ouvrage :
> Polissez-le sans cesse et le repolissez ;
> Ajoutez quelquefois et souvent effacez.

Effacez souvent, messieurs les candidats; Boileau vous donne là le meilleur des conseils. Resserrez en quelques lignes ce que vous délayez en de longs paragraphes; bavardez moins, beaucoup moins; votre style y gagnera concision et précision, et nul ne songera à s'en plaindre.

Les sujets sont proposés plusieurs semaines à l'avance; les aspirants ont tout le temps nécessaire pour remettre leur ouvrage vingt fois sur le métier. S'ils y apportaient tout leur soin, s'ils s'accoutumaient à être sévères pour eux-mêmes, à rechercher dans leurs compositions toutes les fautes qu'ils y laissent échapper, à ne rien laisser passer qui leur semble vide, obscur ou incorrect, ils parviendraient vite à manier leur langue avec cette aisance et cette netteté qui leur manquent si généralement.

V

Dernier conseil: soigner la forme matérielle des devoirs.

Il semblerait qu'aucune recommandation ne dût être faite sur ce point, car, s'il n'est pas donné à chacun, malgré la meilleure volonté du monde, de savoir développer un sujet avec proportion, précision et clarté, il n'est permis à personne du moins de ne pas faire preuve de soin et de goût dans l'exécution matérielle d'un devoir.

Eh bien! qui le croirait? nos jeunes maîtres, — et, ce qui est plus grave, nos jeunes maîtresses, — paraissent oublier par moments que, parmi les qualités si nombreuses qu'on exige d'eux, il faut compter parmi les plus élémentaires l'ordre, le soin, l'attention scrupuleuse à bien accomplir tout travail. Tantôt leurs copies renferment par-ci par-là des fautes d'orthographe qui accusent une négligence impardonnable; tantôt l'accentuation et la ponctuation leur paraissent à peu près inconnues: il nous souvient d'avoir corrigé une copie où figurait une phrase de neuf lignes qui ne renfermait pas un seul signe de ponctuation. Ici, des accolades s'alignent, ou plutôt ne s'alignent pas, en des lignes courbes, brisées, sans symétrie, sans goût. Là, tous les genres d'écriture et toutes les variétés d'ornements dont on peut surcharger les caractères de l'alphabet semblent s'être donné rendez-vous, pour la plus grande fatigue et le plus grand ennui du lecteur.

Que les candidats le sachent : l'examinateur est dès l'abord porté à l'indulgence en faveur de l'aspirant dont la copie, disposée de façon qu'elle plaise à l'œil, se laisse, par suite, lire sans effort. Et lire sans effort, c'est aussi comprendre aisément. S'imagine-t-on le correcteur obligé de suppléer aux virgules, points-virgules et points que le candidat a omis ? ou constatant que le même candidat en prend à son aise avec l'accentuation comme avec la ponctuation ?

Ainsi, messieurs les stagiaires, un bon conseil en terminant : veillez à l'exécution matérielle de vos devoirs. Là certes n'est pas l'essentiel, mais c'est quelque chose déjà, et c'est à la portée de toutes les intelligences. Il vous suffit, pour faire bien, de deux petites choses que vous ne voudrez pas vous laisser contester, j'espère : un peu d'attention avec un peu de bonne volonté.

VI

Résumons, pour finir et pour conclure.

Que recommandons-nous tout particulièrement aux aspirants ?

1° Acquérir, par l'observation et par l'étude, une certaine culture générale de l'esprit ; lire et méditer les bons auteurs, sans oublier ceux qui ont écrit sur la pédagogie ;

affermir son jugement, affiner son goût, assouplir et fortifier son intelligence par la réflexion et par l'effort. Comme complément indispensable de cette préparation, traiter des sujets de pédagogie; d'où ces recommandations plus particulières :

2° Un sujet étant proposé, s'appliquer à le bien comprendre, préciser nettement le caractère et la portée de la question ;

3° En déterminer rigoureusement les limites et ne jamais les franchir, sous aucun prétexte : ce point est capital;

4° Dresser un plan sommaire des différentes parties, sans qu'il soit besoin que ledit plan figure sur la copie; qu'il s'aperçoive à mesure qu'on lit, voilà l'essentiel;

5° Bien détacher et faire valoir les idées principales, en groupant à la suite les idées secondaires et les lier étroitement les unes aux autres ;

6° Enfin, et surtout peut-être, soigner le style, sortir à tout prix du verbiage et de la platitude, sans tomber pourtant dans l'excès opposé; éviter les longues phrases, difficiles à manier et à équilibrer; s'attacher à n'écrire que des phrases courtes, claires, correctes. Pas de bonne note, qu'on s'en souvienne, quelle que soit la valeur des idées, si ces idées ne sont pas bien exprimées.

EXTRAITS

DES

Lois, Décrets, Arrêtés, Instructions et Circulaires

SE RAPPORTANT A L'EXAMEN DU

CERTIFICAT D'APTITUDE PÉDAGOGIQUE

Loi du 30 octobre 1886

. . . .

Art. 23. — Nul ne peut être nommé instituteur titulaire, s'il n'a fait un stage de deux ans au moins dans une école publique ou privée, *s'il n'est pourvu du certificat d'aptitude pédagogique* et s'il n'a été porté sur la liste d'admissibilité aux fonctions d'instituteur, dressée par le conseil départemental, conformément à l'article 27.

Le temps passé à l'École normale compte, pour l'accomplissement du stage, aux élèves-maîtres à partir de dix-huit ans, aux élèves-maîtresses à partir de dix-sept.

Des dispenses de stage peuvent être accordées par le Ministre, sur l'avis du conseil départemental.

Les titulaires chargés de la direction d'une école contenant plus de deux classes prennent le nom de directeur ou directrice d'école primaire élémentaire.

. . . .

Art. 27. — Le conseil départemental, après avoir pris connaissance des demandes de tous les candidats qui se sont inscrits à l'inspection académique, dresse, chaque année, et complète, s'il y a lieu, au cours de l'année, une liste des instituteurs et des institutrices admissibles aux fonctions de titulaires, soit pour être chargés d'une école, soit pour être chargés d'une classe en qualité d'adjoint.

La nomination des instituteurs titulaires est faite par le préfet, sous l'autorité du Ministre de l'Instruction publique et sur la proposition de l'Inspecteur d'académie.

Décret du 18 janvier 1887

. . . .

ART. 6. — Nulle ne peut être nommée directrice d'école maternelle sans être pourvue du *certificat d'aptitude pédagogique.*

. . . .

ART. 64. — Les candidats à l'économat (dans les Écoles normales primaires) doivent être pourvus du brevet supérieur et du *certificat d'aptitude pédagogique.*

ART. 65. — L'enseignement (dans les écoles normales primaires) est donné par des professeurs nommés par le Ministre, et, à défaut, par des instituteurs délégués par le Ministre à titre provisoire en qualité de maîtres adjoints et qui doivent être pourvus du brevet supérieur et du *certificat d'aptitude pédagogique.*

ART. 106. — Les titres de capacité de l'enseignement primaire sont :

1° Le brevet élémentaire et le brevet supérieur;

2° Les certificats d'aptitude professionnelle : *certificat d'aptitude pédagogique,* certificat d'aptitude au professorat des écoles normales et des écoles primaires supérieures, certificat d'aptitude à l'inspection des écoles primaires et à la direction des écoles normales, certificat d'aptitude à l'inspection des écoles maternelles.

. . . .

ART. 108. — Les candidats au *certificat d'aptitude pédagogique* doivent avoir vingt et un ans au moment de leur inscription, être pourvus du brevet élémentaire et justifier de deux années d'exercice au moins dans les écoles publiques ou dans les écoles privées, sauf les cas prévus par l'article 23 de la loi du 30 octobre 1886.

. . . .

ART. 111. — Les aspirantes au certificat d'aptitude à l'inspection des écoles maternelles doivent être âgées de vingt-cinq ans au moins au moment de leur inscription, être pourvues soit du brevet supérieur et du *certificat d'aptitude pédagogique,* soit du certificat d'aptitude à l'enseignement secondaire des jeunes filles et justifier de cinq ans d'exercice dans les établissements publics d'enseignement secondaire ou primaire.

. . . .

ART. 120. — Les commissions d'examen pour le *certificat d'aptitude pédagogique* sont présidées par l'inspecteur d'Académie et composées de dix membres au moins choisis parmi les inspecteurs de l'enseignement primaire, les directeurs, directrices et professeurs d'écoles normales ou d'écoles primaires supérieures et les instituteurs ou institutrices du département. S'il y a dans le département une inspectrice des écoles maternelles, elle fait nécessairement partie de la commission.

Si les candidats inscrits dans un département sont trop nombreux, le recteur peut instituer d'autres commissions d'examen, en tel nombre qu'il jugera nécessaire.

ART. 121. — Toute communication entre les candidats pendant les épreuves, toute fraude ou toute tentative de fraude entraîne l'exclusion du candidat.

L'exclusion provisoire sera prononcée par le président ou par le membre de la Commission qu'il aura délégué pour le remplacer dans la surveillance des épreuves. Il en sera référé à la Commission qui prononcera, s'il y a lieu, l'exclusion définitive.

Les faits qui auront motivé l'exclusion d'un candidat feront l'objet d'un rapport adressé par le président de la Commission à l'Inspecteur d'académie. L'Inspecteur d'académie, après avoir dûment appelé le candidat et l'avoir entendu en ses moyens de défense, pourra le traduire devant le conseil départemental. Le conseil pourra prononcer l'interdiction pour le candidat de se présenter au même examen ou à tous les examens de l'enseignement primaire pendant une ou plusieurs sessions, sans que cette interdiction puisse s'étendre à une période de plus de deux ans.

Si la fraude n'est découverte qu'après la délivrance du titre, le Ministre peut en prononcer le retrait.

ART. 122. — Un arrêté ministériel, délibéré en conseil supérieur de l'instruction publique, réglera la forme de chacun des examens, ainsi que le fonctionnement de chacune des Commissions.

ART. 191. — Les stagiaires qui, au moment de la promulgation de la loi du 30 octobre 1886, comptaient cinq ans au moins de service dans l'enseignement public, seront, lorsqu'ils se présenteront aux examens du *certificat d'aptitude pédagogique*, dispensés de l'épreuve écrite.

Arrêté du 18 janvier 1887

CHAPITRE II

DE L'EXAMEN DU CERTIFICAT D'APTITUDE PÉDAGOGIQUE

ART. 154 [1]. — L'examen du *certificat d'aptitude pédagogique* n'aura qu'une session par an.

L'épreuve écrite aura lieu à une date fixée par l'Inspecteur d'académie, soit avant la fin de l'année scolaire, soit dans la dernière semaine du mois d'octobre, au chef-lieu de chaque arrondissement, sous la surveillance de l'Inspecteur primaire, dans les conditions prévues à l'article 156. Elle sera corrigée par la Commission réunie au chef-lieu du département.

Pour les candidats admissibles, l'épreuve pratique consistera en une classe de trois heures, faite par chaque candidat dans la classe ou dans l'école qu'il dirige. Il sera procédé à cette épreuve, dans les conditions prévues à l'article 161, dans le cours de l'année scolaire, par une Sous-Commission nommée par l'Inspecteur d'académie.

Les instituteurs privés pourront, sur leur demande, subir l'épreuve pratique, soit dans leur propre classe, soit dans une école publique.

L'épreuve orale prévue par les articles 162 et 163 se fera à la suite de l'épreuve pratique.

---

1 L'article 154 primitif était ainsi conçu : « Les sessions réglementaires d'examen pour le certificat d'aptitude pédagogique ont lieu au mois de février et au mois de juin. » Cette rédaction a été modifiée par un arrêté du 24 juillet 1888 stipulant qu'il n'y aurait chaque année qu'une session unique et que l'épreuve écrite aurait lieu dans la dernière semaine des grandes vacances et au chef-lieu d'arrondissement. Cette seconde rédaction du 24 juillet 1888 a été modifiée de nouveau par un arrêté du 27 juillet 1893, qui lui donne la teneur définitive que nous reproduisons ci-dessus. (*Bulletin administratif du Ministère de l'Instruction publique : année 1893. — N° 1071, 12 août 1893, p. 286*).

Une instruction ministérielle déterminera les divers détails d'exécution de ces prescriptions réglementaires.

ART. 155. — Les candidats au *certificat d'aptitude pédagogique* doivent se faire inscrire au bureau de l'Inspecteur d'académie, quinze jours au moins avant l'ouverture de la session, et déposer :

Une demande d'inscription écrite et signée par eux (papier timbré de 0',6'');

Un extrait de leur acte de naissance (sur papier timbré et dûment légalisé);

Leur brevet élémentaire, ou leur brevet supérieur, s'il y a lieu ;

Un certificat de l'Inspecteur d'académie constatant qu'ils remplissent la condition de stage ou qu'ils en ont été dispensés.

ART. 156. — Le sujet de la composition écrite est choisi par l'Inspecteur d'académie.

Le pli cacheté est ouvert, séance tenante, par le président de la commission, en présence des candidats.

ART. 157. — Le dossier de chaque candidat et particulièrement les notes qu'il a obtenues dans l'Inspection sont mis sous les yeux de la Commission, qui en tiendra compte dans ses appréciations.

ART. 158. — L'examen du *certificat d'aptitude pédagogique* comprend :

Une épreuve écrite, laquelle est éliminatoire ;

Une épreuve pratique;

Et une épreuve orale.

ART. 159. — L'épreuve écrite consiste en une composition française sur un sujet élémentaire d'éducation et d'enseignement.

Trois heures sont accordées pour cette épreuve.

ART. 160[1]. — L'épreuve pratique consiste en une classe faite par le candidat dans une école primaire publique. Les aspirantes peuvent, à leur choix, subir l'épreuve pratique dans une école maternelle ou dans une école de filles.

---

[1] Le texte primitif de l'article 160 a été modifié tel que nous le donnons ici par un arrêté ministériel du 27 juillet 1893. Désormais, les aspirantes qui exercent dans une école maternelle ne seront plus tenues qu'à une seule épreuve pratique.

L'école dans laquelle le candidat est appelé à subir l'épreuve lui est ouverte vingt-quatre heures à l'avance. Il en prend la direction le jour de l'épreuve et est tenu de se conformer à un programme arrêté par la Commission.

Ce programme est remis au candidat vingt-quatre heures à l'avance. Il se rapprochera, autant que possible, de l'ordre des exercices inscrits à l'emploi du temps de l'école au jour de l'examen.

Art. 161. — Pour procéder à l'épreuve pratique, la Commission d'examen peut se partager en Sous-Commissions de trois membres au moins. Un inspecteur primaire et un instituteur pour les aspirants, une institutrice pour les aspirantes, font nécessairement partie de chacune des Sous-Commissions.

L'Inspecteur d'académie fait partie de droit de toutes les Sous-Commissions. En cas de partage des suffrages, sa voix est prépondérante.

Art 162 — L'épreuve orale consiste :

1° Dans l'appréciation de cahiers de devoirs mensuels;

2° Dans des interrogations en rapport avec les autres épreuves déjà subies par le candidat et portant sur des sujets relatifs à la tenue et à la direction d'une école primaire élémentaire ou maternelle, ou sur des questions de pédagogie pratique.

L'épreuve orale prévue par les articles 162 et 163 se fera à la suite de l'épreuve pratique. La durée n'en doit pas dépasser vingt minutes.

Une instruction ministérielle déterminera les divers détails d'exécution de ces prescriptions réglementaires.

Art. 163. — Chacune des épreuves est jugée d'après l'échelle de 0 à 20. Tout candidat qui n'a pas obtenu la note 10, tant pour l'épreuve écrite que pour l'épreuve pratique, est ajourné. Est ajourné également tout candidat qui n'a pas obtenu la moyenne 30 pour l'ensemble des trois épreuves.

Art. 164. — Sur le vu du procès-verbal de la Commission d'examen, le recteur délivre, s'il y a lieu, le certificat d'aptitude pédagogique, et, dans la quinzaine, adresse son rapport au Ministre sur les résultats de la session dans son académie.

Extrait de la loi du 19 juillet 1889

Art. 34..... § 4. — Les adjoints et les adjointes actuellement en exercice et comptant plus de cinq années de services dans l'enseignement public seront réputés avoir achevé le stage et seront dispensés de la production du *certificat d'aptitude pédagogique* exigé par la loi du 30 octobre 1886 ; ils prendront rang dans la classe nouvelle à laquelle ils appartiennent par application du présent article, défalcation faite des cinq années comptées comme stage.

Ce paragraphe a été modifié par le suivant :

Extrait de la loi du 25 juillet 1893

Art. 34..... § 3. — Dispense du *certificat d'aptitude pédagogique* est accordée aux adjoints et aux adjointes actuellement en exercice et pourvus d'une nomination préfectorale antérieurement à l'effet de la promulgation de la loi du 30 octobre 1886.

Extrait du décret du 18 janvier 1893
modifiant l'article 186 du décret du 18 janvier 1887

Le nouvel article 186 est ainsi conçu :
Pendant cinq ans, à partir du 1er janvier 1893, les instituteurs publics titulaires et les commis d'inspection académique seront dispensés de produire le certificat d'aptitude au professorat pour se présenter aux examens du certificat d'aptitude à l'inspection primaire, s'ils comptent dix années de services effectifs, soit comme directeurs, soit comme adjoints dans une école primaire élémentaire ou supérieure ou dans une école annexe et s'ils sont pourvus du brevet supérieur et du *certificat d'aptitude pédagogique.*

Les dispositions qui précèdent sont applicables aux aspirantes comme aux aspirants.

Circulaires, instructions et décisions ministérielles relatives au certificat d'aptitude pédagogique

Pour le *certificat d'aptitude pédagogique*, les années passées dans les Écoles normales comptent comme années de stage, mais à la condition que le candidat ait suivi les cours de l'École normale pendant la durée ordinaire des études de ces établissements. (*Circulaire ministérielle aux recteurs,* 29 *mai* 1886.)

L'article 9 (aujourd'hui art. 120 du décret du 18 janvier 1887, voir ci-dessus) confie la présidence des Commissions d'examen pour le *certificat d'aptitude pédagogique*, à l'Inspecteur d'académie. Il vous appartiendra, Monsieur le Recteur, de prévoir le cas où Monsieur l'Inspecteur d'académie pourrait être inopinément empêché et de désigner à l'avance un vice-président qui le suppléerait au besoin. (*Même circulaire.*)

Décision du 19 janvier 1887. — Le ministre a décidé que les années passées à l'École normale à partir de dix-huit ou de dix-sept ans pour la réalisation de l'engagement décennal, compteraient également pour la supputation des cinq années de services exigées des maîtres ou des maîtresses qui peuvent être dispensés de l'épreuve écrite aux examens du *certificat d'aptitude pédagogique.*

Décision du 19 janvier 1887. — Le ministre a décidé que les maîtres ou maîtresses comptant deux ans et demi de services dans l'enseignement public pourraient faire valoir, pour l'accomplissement du stage de cinq ans exigé des candidats au *certificat d'aptitude pédagogique* que l'article 191 du décret du 18 janvier 1887 dispense de l'épreuve écrite, les années qu'ils auraient passées dans l'enseignement privé.

Avis du 19 janvier 1887. — Au moment où une session va s'ouvrir pour l'examen en vue de l'obtention du *certificat d'aptitude pédagogique*, l'administration croit devoir rappeler que ce certificat est exigé pour toutes les fonctions dans les établissements d'enseignement primaire :

Écoles primaires élémentaires et maternelles ;

Écoles primaires supérieures ;

Écoles normales primaires (enseignement et économat).

Circulaire relative à la titularisation des adjoints en exercice remplissant les conditions pour être nommés titulaires.

Du 8 novembre 1886.

Monsieur le Préfet, l'article 22 de la loi du 30 octobre 1886 pose les bases d'un nouveau classement du personnel de l'enseignement primaire public qui doit suivre immédiatement la promulgation de la loi. Dès à présent, d'après cet article, « les instituteurs et institutrices publics sont divisés en stagiaires et titulaires ». De ces deux termes, le premier n'existait pas jusqu'ici dans notre législation ; le second n'y est entré que depuis quelques années avec un sens tout différent de celui qu'il a désormais.

Sous l'empire des lois de 1850 et de 1867, les membres de l'enseignement public étaient classés d'après la nature de l'emploi qu'ils remplissaient. On appelait titulaires les instituteurs en chef, ceux qui dirigeaient une école, quel qu'en fût le nombre de classes ; on appelait adjoints ceux qui, chargés seulement d'une de ces classes, la dirigeaient sous l'autorité du titulaire.

La nouvelle loi organique adopte un autre principe de classement. Elle n'oppose plus titulaire à adjoint, mais à stagiaire, c'est-à-dire qu'elle ne divise plus les maîtres d'après le service scolaire qui leur est assigné, mais d'après leurs titres personnels, leurs grades et leurs années d'exercice. Tous commencent par être stagiaires, et tous peuvent devenir titulaires, qu'ils demeurent adjoints ou qu'ils soient placés à la tête d'une école.

Les stagiaires sont les instituteurs au début de leur carrière, mis en quelque sorte à l'épreuve pendant une durée de deux ans par simple délégation de l'Inspecteur d'académie et sans nomination préfectorale. Le temps du stage écoulé, c'est à eux de prouver qu'ils l'ont bien employé et qu'ils se sont rendus dignes de la confiance de l'administration ; ils se présentent à une sorte d'examen ou mieux d'inspection d'un caractère tout scolaire ; il leur est alors délivré, s'il y a lieu, un certificat d'aptitude pédagogique, véritable titre de capacité professionnelle destiné à prouver non plus seulement qu'ils savent, mais qu'ils sont capables d'enseigner.

Cette attestation obtenue, ils demandent la titularisation. Le Conseil départemental, après examen des divers dossiers, dresse une liste d'admissibilité sur laquelle sont portés les candidats qu'il juge « admissibles aux fonctions de titulaire, soit pour être chargés d'une école soit pour être chargés d'une classe en qualité d'adjoint » (art. 27).

Telle sera la marche à suivre pour tous les instituteurs entrant en exercice sous le régime de la loi nouvelle. . .

. . . .

Il y aura lieu, d'autre part, d'informer tous les adjoints et adjointes entrant désormais en fonctions qu'ils y entrent aux conditions de la nouvelle loi, c'est-à-dire en qualité de stagiaires et en vertu d'une simple délégation de l'Inspecteur d'académie. Cette mesure doit être appliquée à tous les adjoints et adjointes qui viennent d'être nommés à la rentrée des classes, même si leur nomination est de quelques jours antérieure au 30 octobre. En effet, il est de leur intérêt que leur situation légale soit immédiatement déterminée et qu'ils sachent exactement de quel moment leur stage aura commencé à courir

. . . .

Je vous prie donc de procéder sans retard à ce classement et de m'adresser, dès la semaine prochaine, la liste nominative des adjoints que vous aurez titularisés et qui, par conséquent, pourront prendre part aux premières élections du conseil départemental.

Je prescris en même temps à M. l'Inspecteur d'académie les mesures à prendre en ce qui concerne les stagiaires.

Recevez, Monsieur le préfet, l'assurance de ma considération très distinguée.

*Le Ministre de l'Instruction publique,
des Beaux-Arts et des Cultes,*
Signé : RENÉ GOBLET.

Circulaire relative à l'examen du certificat d'aptitude pédagogique

Paris, le 6 août 1888.

MONSIEUR LE RECTEUR,

La loi du 30 octobre a fait du certificat d'aptitude pédagogique la condition de l'admissibilité aux fonctions d'instituteur. Il s'est produit immédiatement une affluence de candidats qui a rendu le fonctionnement de ces examens assez difficile, gênant pour les écoles, qu'il désorganise deux fois chaque année pendant plusieurs semaines, onéreux pour les candidats, plus onéreux encore pour les inspecteurs primaires, obligés de consacrer aux examens la plus grande partie de leurs frais de tournées, au détriment de leur tâche essentielle, la visite des écoles. L'Administration s'est émue des plaintes nombreuses et fondées qui lui sont parvenues, et, sur l'avis du Conseil supérieur, j'ai adopté pour l'article 154 de l'arrêté organique la rédaction nouvelle que voici :

« L'examen du certificat d'aptitude pédagogique n'aura qu'une session par an. L'épreuve écrite se fera dans la dernière semaine des grandes vacances au chef-lieu de chaque arrondissement, sous la surveillance de l'inspecteur primaire, dans les conditions prévues à l'article 156, § 2 et 3. Elle sera corrigée par la Commission réunie au chef-lieu du département.

« Pour les candidats admissibles, l'épreuve pratique consistera en une classe de trois heures faite par chaque candidat dans la classe ou dans l'école qu'il dirige. Il sera procédé à cette épreuve, dans les conditions prévues à l'article 161, dans le cours de l'année scolaire par une Sous-Commission nommée par l'Inspecteur d'académie.

« Les instituteurs privés pourront, sur leur demande, subir l'épreuve pratique, soit dans leur propre classe, soit dans une école publique.

« L'épreuve orale prévue par les articles 162 et 163 se fera à la suite de l'épreuve pratique. »

C'est là, vous le voyez, Monsieur le Recteur, une assez importante modification à l'organisation édictée par l'arrêté du

18 janvier 1887. Il n'est rien changé aux conditions à remplir pour l'inscription, ni au nombre, ni à la nature des épreuves à subir, mais il n'y aura plus désormais qu'une session réglementaire par an. L'épreuve écrite se fera comme il est dit à l'article 156 de l'arrêté organique...

au chef-lieu d'arrondissement et sous la surveillance de l'inspecteur primaire. Les copies transmises sans retard à l'Inspecteur d'académie seront corrigées par une Commission unique nommée par vous, présidée par lui. (Art. 120 du décret organique.) La liste des admissibles sera dressée par circonscription d'inspection primaire et complétée, s'il y a lieu, par l'inscription des candidats régulièrement dispensés de la composition écrite.

L'Inspecteur primaire, à qui la liste des admissibles aura été remise, procédera, dans le cours de l'année scolaire, à la seconde partie de l'examen, qui comprend les épreuves orales et pratiques. Pour cela, il ira, aux jours fixés par l'Inspecteur d'académie, faire, comme d'habitude, l'inspection des diverses écoles où se trouvent les candidats portés sur la liste d'admissibilité.

La Sous-Commission verra ainsi chaque instituteur chez lui, faisant une classe vraie avec des élèves vrais; dans ces conditions, elle appréciera beaucoup plus aisément l'enseignement, la discipline, les devoirs écrits et les leçons orales, la tenue des cahiers, des élèves, du local, les résultats obtenus, tout ce qui peut enfin permettre de reconnaître à coup sûr un bon maître et une bonne école. Après la classe, elle procédera à l'épreuve orale prescrite par l'article 162 de l'arrêté précité, puis rédigera son rapport qu'elle enverra à l'Inspecteur d'académie.

A la fin de l'année scolaire, l'Inspecteur d'académie réunira la Commission d'examen, lui soumettra les rapports des diverses Sous-Commissions, et, après étude de ces rapports et des dossiers des candidats, il dressera avec elle la liste définitive de tous ceux qui seront reconnus aptes à être titularisés. Cette liste sera publiée au prochain numéro du *Bulletin départemental*.

Je vous prie, Monsieur le Recteur, d'appeler immédiatement l'attention de Messieurs les Inspecteurs d'académie sur ces instructions, dont ils sont chargés d'assurer l'exécution.

Il convient qu'ils prennent sans retard toutes les mesures utiles pour que les résolutions nouvelles approuvées par le

Conseil supérieur soient appliquées dès cette année, c'est-à-dire à la fin de septembre.

Le registre d'inscription devra être ouvert quinze jours au moins avant la date fixée pour l'épreuve écrite.

Pourront être inscrits, à titre exceptionnel, les candidats qui n'auraient pas encore, à la date de l'épreuve écrite, leurs deux années de stage (art. 23 de la loi du 30 octobre 1886), à condition qu'ils les aient accomplies avant les épreuves orales, soit pour fixer une date uniforme, à l'époque des vacances de Pâques.

Veuillez agréer, Monsieur le Recteur, l'assurance de ma considération la plus distinguée.

Le Ministre de l'Instruction publique
et des Beaux-Arts,

Signé : E. LOCKROY.

Circulaire relative aux Commissions d'examen du certificat d'aptitude pédagogique

(Épreuves orales et pratiques)

Du 30 janvier 1891.

MONSIEUR L'INSPECTEUR,

Une instruction ministérielle du 6 août 1888 a établi que les examens oraux et pratiques du certificat d'aptitude pédagogique seraient subis par les candidats dans leur propre classe et devant un jury composé de deux inspecteurs primaires et d'un instituteur ou d'une institutrice.

L'expérience a montré que cette organisation était très onéreuse pour l'inspecteur primaire étranger à la circonscription du candidat, et que les indemnités afférentes à ces épreuves, d'après le décret du 17 juillet dernier, étaient souvent insuffisantes pour faire face aux dépenses effectuées. Le crédit dont je dispose pour les examens de l'enseignement primaire ne permettant même pas de maintenir le chiffre de l'indemnité au taux actuel, j'estime qu'il y a lieu de revenir purement et simplement aux prescriptions de l'article 161 de l'arrêté organique du 18 janvier 1887, aux termes duquel la présence d'un inspecteur primaire est seule nécessaire dans la Sous-Commission.

Les deux autres membres du jury devront être choisis parmi les maîtres les mieux notés, soit du canton dont fait partie la commune où réside le candidat, soit d'un canton limitrophe, de façon à atténuer dans la mesure du possible les frais des épreuves orales et pratiques du certificat d'aptitude pédagogique.

Vous voudrez bien, Monsieur l'Inspecteur, prendre les mesures nécessaires pour que cette nouvelle organisation devienne dès à présent la règle.

Recevez, Monsieur l'Inspecteur, l'assurance de ma considération très distinguée.

Le Ministre de l'Instruction publique
et des Beaux-Arts,

Signé : LÉON BOURGEOIS.

ORGANISATION PÉDAGOGIQUE DES ÉCOLES PUBLIQUES

PROGRAMME GÉNÉRAL

(Décret du 18 janvier 1887)

1° *Écoles maternelles et classes enfantines*

ART. 4. — L'enseignement dans les **écoles maternelles** et les **classes enfantines** comprend :

1° **Des jeux**, des mouvements gradués et accompagnés de chants ;

2° **Des exercices manuels** ;

3° Les premiers principes d'**éducation morale** ;

4° Les **connaissances** les plus **usuelles** ;

5° **Des exercices de langage**, des récits ou contes ;

6° Les premiers éléments du **dessin**, de la **lecture**, de l'**écriture** et du **calcul**.

2° *Écoles primaires élémentaires*

ART. 27. — L'instruction primaire élémentaire comprend :

L'**enseignement moral et civique** ;

La **lecture** et l'**écriture** ;

La **langue française** ;

Le **calcul** et le **système métrique** ;

L'**histoire** et la **géographie**, spécialement de la France ;

Les **leçons de choses** et les premières **notions scientifiques** ;

Les **éléments du dessin**, du **chant** et du **travail manuel** (travaux à l'aiguille dans les écoles de filles) ;

Et les **exercices gymnastiques et militaires**.

ORGANISATION PÉDAGOGIQUE ET PLAN D'ÉTUDES

(Arrêté du 18 janvier 1887)

I

ORGANISATION PÉDAGOGIQUE DES ÉCOLES MATERNELLES ET DES CLASSES ENFANTINES

ARTICLE PREMIER. — Le programme des écoles maternelles comprend, pour les enfants les plus avancés et classés dans la première section, l'ensemble des exercices et des connaissances énumérés à l'article 4 du décret du 18 janvier 1887.

Pour les enfants les plus jeunes, classés dans la seconde section, ces programmes ne sont appliqués que graduellement, dans la mesure que comportent leur âge et le développement de leur intelligence.

Une instruction ministérielle déterminera les limites et le caractère de l'enseignement pour chacune des deux sections.

ART. 2. — L'enseignement dans les classes enfantines est conforme au programme de la première section des écoles maternelles et à celui du cours élémentaire des écoles primaires.

ART. 3. — Un médecin nommé par le maire visite une fois par semaine les écoles maternelles. Il inscrit ses observations sur un registre particulier.

ART. 4. — Après une absence pour cause de maladie, nul enfant ne sera admis de nouveau à l'école maternelle sans un certificat de médecin attestant sa guérison complète.

ART. 5. — Chaque année, la directrice adresse à l'inspectrice départementale ou, à son défaut, à l'inspecteur primaire un rapport détaillé sur tout ce qui concerne l'établissement qui lui est confié.

ART. 6. — Sauf décision spéciale de l'inspecteur primaire, les élèves ne passeront de l'école maternelle ou de la classe enfantine à l'école primaire qu'à l'une des trois époques suivantes : rentrée d'octobre, 1er janvier, rentrée de Pâques.

Art. 7. — Aucune école maternelle publique ne devra recevoir plus de 150 enfants, à moins d'une autorisation spéciale de l'inspecteur d'académie.

Art. 8. — Les écoles maternelles ne peuvent être fermées que les dimanches, le 1er et le 2 janvier, le jour de l'Ascension, le lundi de la Pentecôte, le jour de l'Assomption, le jour de la Toussaint, le jour de Noël, le jour de la Fête nationale, et, en outre, du jeudi avant Pâques au jeudi après Pâques et durant la première quinzaine du mois d'août.

Les institutrices dirigeant une école maternelle à une seule classe n'ont pas droit à d'autres congés. Dans les écoles maternelles à plusieurs classes, un mois de vacances est successivement accordé chaque année, tant à la directrice qu'aux adjointes [1].

RÈGLEMENT RELATIF A L'ORGANISATION PÉDAGOGIQUE DES ÉCOLES MATERNELLES PUBLIQUES.

Article premier. — Dans toute école maternelle publique, le classement des enfants est fait, chaque année, par la directrice, à l'époque de la rentrée des écoles primaires, sous le contrôle de l'inspectrice départementale, ou, à son défaut, de l'inspecteur primaire.

Art. 2. — Les divers cours de l'école maternelle ont pour objet de commencer l'éducation physique, l'éducation intellectuelle et l'éducation morale des jeunes enfants.

Les exercices qu'ils comprennent sont répartis d'après les indications des programmes ci-annexés.

[1] Cet article a été modifié comme il suit par l'arrêté du 4 janvier 1894 :

Art. 2. — Les écoles maternelles sont fermées pendant un mois à l'époque des vacances.

Toutefois lorsque les besoins de la population l'exigeront, sur la demande du conseil municipal, et après avis de l'inspecteur d'académie le préfet pourra réduire la durée de la fermeture des écoles maternelles à quinze jours ou même décider qu'elles resteront ouvertes pendant toute l'année.

Art. 3. — Dans tous les cas, la directrice et les adjointes ont droit à un congé d'un mois.

Art. 4. — Dans les écoles maternelles à une seule classe, la directrice est suppléée pendant la durée de son congé par une postulante à un emploi d'institutrice ou par une élève maîtresse de l'école normale.

Dans les écoles maternelles à plusieurs classes, les congés accordés à la directrice et aux adjointes sont pris successivement.

Art. 3. — Le détail de la répartition des heures par semaine est arrêté pour chaque école maternelle par la directrice après approbation de l'inspectrice départementale, ou, à son défaut, dé l'inspecteur primaire.

Programme

1º *Objet.* — L'école maternelle n'est pas une école au sens ordinaire du mot ; elle forme le passage de la famille à l'école, elle garde la douceur affectueuse et indulgente de la famille, en même temps qu'elle initie au travail et à la régularité de l'école.

Le succès de la directrice d'école maternelle ne se juge donc pas essentiellement par la somme des connaissances communiquées, par le niveau qu'atteint l'enseignement, par le nombre et la durée des leçons, mais plutôt par l'ensemble des bonnes influences auxquelles l'enfant est soumis, par le plaisir qu'on lui fait prendre à l'école, par les habitudes d'ordre, de propreté, de politesse, d'attention, d'obéissance, d'activité intellectuelle qu'il y doit contracter pour ainsi dire en jouant.

En conséquence, les directrices devront se préoccuper beaucoup moins de livrer à l'école primaire des enfants déjà fort avancés dans leur instruction que des enfants bien préparés à s'instruire. Tous les exercices de l'école maternelle seront réglés d'après ce principe général : ils doivent aider au développement des diverses facultés de l'enfant sans fatigue, sans contrainte, sans excès d'application ; ils sont destinés à lui faire aimer l'école et à lui donner de bonne heure le goût du travail, en ne lui imposant jamais un genre de travail incompatible avec la faiblesse et la mobilité du premier âge.

Le but à atteindre, en tenant compte des diversités de tempérament, de la précocité des uns, de la lenteur des autres, ce n'est pas de les faire tous parvenir à tel ou tel degré de savoir en lecture, en écriture, en calcul, c'est qu'ils sachent bien le peu qu'ils sauront, c'est qu'ils aiment leurs tâches, leurs jeux, leurs leçons de toutes sortes ; c'est surtout qu'ils n'aient pas pris en dégoût ces premiers exercices scolaires qui seraient si vite rebutants, si la patience, l'enjouement, l'affection ingénieuse de la maîtresse ne trouvait moyen de les varier, de les égayer, d'en tirer ou d'y attacher quelque plaisir pour l'enfant.

Une bonne santé ; l'ouïe, la vue, le toucher déjà exercés par une suite graduée de ces petits jeux et de ces petites expériences propres à faire l'éducation des sens ; des idées enfantines, mais nettes et claires, sur les premiers éléments de ce qui sera plus tard l'instruction primaire ; un commencement d'habitudes et de dispositions sur lesquelles l'école puisse s'appuyer pour donner plus tard un enseignement régulier ; le goût de la gymnastique, du chant, du dessin, des images, des récits ; l'empressement à écouter, à voir, à observer, à imiter, à questionner, à répondre ; une certaine faculté d'attention entretenue par la docilité, la confiance et la bonne humeur ; l'intelligence éveillée enfin et l'âme ouverte à toutes les bonnes impressions morales : tels doivent être les résultats de ces premières années passées à l'école maternelle, et si l'enfant qui en sort arrive à l'école primaire avec une telle préparation, il importe peu qu'il y joigne quelques pages de plus ou de moins du syllabaire.

2º *Méthode*. — Ces principes posés, quelle est la méthode qu'il conviendra d'appliquer aux écoles maternelles ? C'est évidemment celle qui s'inspire du nom même de l'établissement, c'est-à-dire celle qui consiste à imiter le plus possible les procédés d'éducation d'une mère intelligente et dévouée.

Comme on ne se propose pas, dans les écoles maternelles, de former ou d'exercer un ordre de facultés au détriment des autres, mais bien de les développer toutes harmoniquement, on ne devra pas s'asservir à suivre avec rigueur aucune des méthodes spéciales qui se fondent sur un système exclusif et artificiel. On s'appliquera, au contraire, en prenant à toutes les méthodes particulières leurs exercices les plus simples, à former, à l'aide de ces divers éléments, un *cours* d'instruction et d'éducation qui réponde aux divers besoins du petit enfant et mette en jeu toutes ses facultés. Les exercices qu'il comprend doivent être variés : la leçon de choses, la causerie, le chant ; les premiers essais de dessin, de lecture, de calcul, de récitation, partagent le temps avec les exercices du corps, les jeux de toutes sortes et les mouvements gymnastiques. C'est une méthode essentiellement naturelle, familière, toujours ouverte à de nouveaux progrès, toujours susceptible de se compléter et de se réformer.

3º *Plan et division du cours.* — Les jeux se divisent en jeux au préau et en jeux dans la cour; un matériel de jouets sera approprié aux uns et aux autres.

L'enseignement du chant comprend les chants à l'unisson et à deux parties qui accompagnent les jeux et les évolutions.

La maîtresse se servira du diapason.

Les exercices manuels consistent en tressage, tissage, pliage, piquage, découpage avec les doigts, petits ouvrages de tricot, enfilage de perles, petites constructions à l'aide de carton et de paille, de cubes, de sable, etc.

Sont interdits les travaux de couture et tous autres travaux de nature à fatiguer les enfants.

Les premiers principes d'éducation morale sont donnés, non sous forme de leçons suivies, mais à l'aide d'entretiens familiers, de récits, de chants destinés à inspirer aux enfants le sentiment de leurs devoirs envers la famille, la patrie et Dieu.

Ces premiers principes devront être indépendants de tout enseignement confessionnel.

Les connaissances usuelles comportent des notions très élémentaires : — sur le vêtement, l'habitation, l'alimentation ; — sur l'homme, les animaux, les plantes et les pierres ; — sur les couleurs et les formes, la division du temps, les saisons ; — sur les points cardinaux, sur la France et les principaux pays de la terre.

Cet enseignement est donné à l'aide d'objets réels et d'images.

Les exercices de langage, qui ne doivent être séparés d'aucun des enseignements, ont pour but d'habituer les enfants à exprimer leurs idées d'une façon simple et correcte, d'étendre leur vocabulaire dans la mesure du développement de leur intelligence et de leurs besoins.

Les premiers éléments de dessin comprennent :

1º Des combinaisons de lignes au moyen de lattes, de bâtonnets, etc. ; la reproduction sur l'ardoise de ces combinaisons, ainsi que des dessins faciles, par la maîtresse, au tableau noir ;

2º La reproduction, sur l'ardoise et sur le papier, d'objets usuels et d'ornements très simples.

L'enseignement de la lecture portera, non sur des combinaisons difficiles de lettres, ni sur des syllabes inintelligibles pour l'enfant, mais. sur des mots usuels et des phrases simples. Autant que possible, les enfants se serviront de lettres mobiles pour apprendre à lire.

L'enseignement de l'écriture, comme celui de la lecture, est réservé aux enfants de la première section.

Les éléments du calcul comprennent :

1° La formation et la représentation des nombres de 1 à 10, de 10 à 100, à l'aide d'objets mis entre les mains des enfants (lattes, bâtonnets, cailloux, graines, monnaies et mesures usuelles);

2° Les quatre opérations appliquées aux premières centaines, toujours à l'aide d'objets ;

3° La représentation des cent premiers nombres par les chiffres.

Les enfants seront exercés au calcul mental sur toutes les combinaisons de nombres qu'ils auront étudiées.

Les récits ou contes, faits le plus possible sur des images, seront consacrés à représenter des scènes de la vie enfantine; à faire naître par des anecdotes, des descriptions, quelques traits de biographie ou épisodes de voyages, l'idée et l'amour de la France.

Les exercices intellectuels et les exercices manuels doivent alterner.

La durée n'en dépassera pas vingt minutes. Ils seront toujours séparés par des chants, des mouvements, des marches ou des évolutions.

4° *Programmes.* — Voir les tableaux ci-après.

	SECTION DES PETITS ENFANTS DE 2 A 5 ANS	SECTION DES ENFANTS DE 5 A 6 ANS
Premiers principes d'éducation morale.	Soins donnés aux enfants en vue de leur faire prendre de bonnes habitudes, de gagner leur affection et de maintenir entre eux l'harmonie. — Premières notions du bien et du mal.	Causeries très simples, mêlées à tous les exercices de la classe et de la récréation. Petites poésies expliquées et apprises par cœur. — Historiettes morales racontées et suivies de questions propres à en faire ressortir le sens et à vérifier si les enfants l'ont compris. — Petits chants. Soins particuliers de la maîtresse à l'égard des enfants chez lesquels elle a observé quelque défaut ou quelque vice naissant.
Exercices de langage.	Exercices de prononciation. Exercices en vue d'augmenter le vocabulaire de l'enfant : petits exercices de mémoire (chants, fables, récits) ; questions.	Exercices combinés de langage, de lecture et d'écriture préparant à l'orthographe : 1° Exercices oraux. — Questions très familières ayant pour objet d'apprendre aux enfants à s'exprimer nettement : corriger les défauts de prononciation ou d'accent local ; 2° Exercices de mémoire : Récitation de très courtes poésies ; 3° Exercices écrits Premières dictées d'un mot, puis de deux ou trois, puis de très petites phrases ; 4° Lectures très brèves faites par la maîtresse, recueillies et racontées par les enfants.

	SECTION DES PETITS ENFANTS DE 2 A 5 ANS	SECTION DES ENFANTS DE 5 A 6 ANS
Leçons de choses. CONNAISSANCES SUR LES OBJETS USUELS PREMIÈRES NOTIONS D'HISTOIRE NATURELLE	Nom des principales parties du corps humain; des principaux animaux de la contrée; des plantes servant à l'alimentation ou les plus visibles pour l'enfant (arbres de la cour, de la route, fleurs familières, etc.).	Notions très élémentaires sur le corps humain; hygiène (petits conseils); petite étude comparée des animaux que l'enfant connaît, des plantes, des pierres, des métaux: quelques plantes alimentaires et industrielles; pierres et métaux d'usage ordinaire.
	Nom et usage des objets qui sont sous les yeux de l'enfant (objets servant au vêtement, à l'habitation, à l'alimentation, au travail).	L'air, l'eau (vapeur, nuage, pluie, neige, glace).
	Étude des couleurs et des formes par des jeux.	Petites leçons de choses, toujours avec les objets mis sous les yeux et dans les mains des enfants. Exercices et entretiens familiers ayant pour but de faire acquérir aux enfants les premiers éléments des connaissances usuelles (la droite et la gauche; — noms des jours et des mois; — distinction d'animaux, de végétaux, de minéraux: les saisons) et, surtout, de les amener à regarder, à observer, à comparer, à questionner et à retenir.
	Notions sur le jour et la nuit.	
	Observations sur la durée (heure, jour, semaine).	
	Le nom du jour, la veille, le lendemain.	
	Âge de l'enfant.	Pour l'ordre à suivre dans les leçons, on essayera de combiner, toutes les fois qu'on le pourra, en les rattachant à un même objet, la leçon de choses, le dessin, la leçon morale, les jeux et les chants, de manière que l'unité d'impression de ces diverses formes d'enseignement laisse une trace plus durable dans l'esprit et le cœur des enfants. On s'efforcera de régler, autant que possible, l'ordre des leçons par l'ordre des saisons, afin que la nature même fournisse les objets de ces leçons et que l'enfant contracte ainsi l'habitude d'observer, de comparer et de juger. Pour guider la maîtresse dans le choix des sujets
	L'attention des enfants est appelée sur les différences du chaud, du froid, de la pluie, du beau temps.	
	Observations sur la saison, ses travaux, ses productions.	
	Première éducation des sens par de petits exercices:	

	SECTION DES PETITS ENFANTS DE 2 A 5 ANS	SECTION DES ENFANTS DE 5 A 6 ANS
Leçons de choses (suite).	Faire discerner et comparer par l'enfant des couleurs, des nuances, des formes, des longueurs, des poids, des températures, des sons, des odeurs, des saveurs.	de leçons, d'après les règles qui précèdent, on a ajouté dans un programme plus détaillé un exemple de répartition des matières mois par mois. (Voir ci-après ces indications sous le titre de : *Programme spécial des leçons de choses de la première section.*)
Dessin, Écriture, Lecture.	Jeux de cubes, de balles, de lattes, etc. Mosaïques.	Combinaisons de lignes ; représentation de ces combinaisons sur l'ardoise et le papier, au crayon ordinaire ou en traits de couleur ; petits dessins d'invention sur papier quadrillé ; reproduction de dessins très simples faits par la maîtresse.
	Explication d'images très simples (animaux, objets usuels).	Représentation d'objets usuels des plus simples.
Calcul…..	Petites combinaisons de lignes au moyen de bâtonnets.	Premiers exercices de lecture. Premiers éléments d'écriture.
	Représentation sur l'ardoise de ces combinaisons ; description d'objets usuels. Aucun exercice de lecture proprement dite. Familiariser l'enfant avec les termes : un, deux, trois, quatre, cinq, moitié, demi ; l'exercer à compter jusqu'à 10.	Lettres, syllabes et mots. Premiers éléments de la numération orale et écrite. Petits exercices de calcul mental. Addition et soustraction sur des nombres concrets et ne dépassant pas la première centaine.
	Calcul mental sur les dix premiers nombres.	Étude des dix premiers nombres et des expressions demi, moitié, tiers, quart.
		Les quatre opérations sur des nombres de deux chiffres.
		Le mètre, le franc, le litre.

	SECTION DES PETITS ENFANTS DE 2 A 5 ANS	SECTION DES ENFANTS DE 5 A 6 ANS
Géographie.	Demeure et adresse des parents, nom de la commune. Petits exercices sur la distance, situation relative des différentes parties de l'école.	Causeries familières et petits exercices préparatoires servant surtout à provoquer l'esprit d'observation chez les petits enfants, en leur faisant simplement remarquer les phénomènes les plus ordinaires, les principaux accidents du sol.
	La terre et l'eau.	
	Le soleil (le levant et le couchant).	
Récits, Histoire nationale.	. . . .	Anecdotes, récits, biographies tirées de l'histoire nationale, contes, récits de voyages. Explications d'images.
Exercices manuels.	Jeux....	Pliage, tissage, tressage, combinaisons en laines de couleur sur le canevas ou le papier; petits ouvrages de tricot.
	Petits exercices de pliage, de tissage, de tressage.	
Chant......	Chants à l'unisson, très simples.	Chants à l'unisson et à deux parties, exclusivement appris par l'audition.
	Petits exercices.	
	Jeux libres et marches....	Jeux, marches, évolutions, mouvements, exercices gradués.
	Évolutions, mouvements gradués.	
	Soins d'hygiène et de propreté.	

PROGRAMME SPÉCIAL

DES LEÇONS DE CHOSES DE LA PREMIÈRE SECTION
(Exemple de répartition mensuelle)

OCTOBRE

LEÇON DE CHOSES	DESSIN
(Récits, causeries, questions, autant que possible avec les objets montrés aux enfants).	*(Dessins au trait, faits au tableau noir par la maîtresse; on ne fera reproduire par les élèves que ceux de ces dessins qui seraient assez simples et assez faciles pour trouver place dans le petit cours de dessin tel que le règle le programme ci-dessous.)*
La vendange. — Vigne, raisin, vin. — Cuve, tonneau, bouteille, verre, bouchons, litre. — Pompes, cidre. — Houblon, bière.	Grappe de raisin, feuille de vigne, pressoir, cuve, tonneau, bouteille, verre, entonnoir, litre.

CHANTS ET JEUX
(à faire exécuter aux enfants)

L'Automne. (Delbruck.)
Le Tonnelier.

NOVEMBRE

LEÇON DE CHOSES	DESSIN
Le labourage. — Charrue. — Semailles. *L'éclairage.* — Chandelle, bougie, lampes, gaz. — Phare.	Soc de charrue, herse. Chandelier, bougeoir, lampe, bec de gaz, phare.

CHANTS ET JEUX

Le Labour. — Les Semailles.
(Mme Pape-Carpantier.)

DÉCEMBRE

LEÇON DE CHOSES	DESSIN
Le chauffage. — Froid, neige, glace, avalanches ; Suisse, Alpes, patins, traîneaux. — Thermomètres. — Poêle, cheminées. — Bois, charbon ; allumettes. — Engelures, rhume. — Le foyer, la famille.	Patin, traîneau, thermomètre, poêle, cheminée, soufflet, pelle, pincettes, pompe à incendie.

DESSIN

CHANTS ET JEUX

Le Petit Ramoneur. (Mme Pape-Carpantier.)
Le Feu. (Delbruck.)

JANVIER

LEÇON DE CHOSES	DESSIN
Nouvelle année. — Mouvement de la terre autour du soleil. Compliments, étrennes ; charité. Oranges, marrons. *L'habillement.* — Fourrures, couvertures, édredon, laine, coton, drap, flanelle, tissage, filage, teintures, aiguilles, épingles.	Sphère ; oranges, marrons. Tirelire. — Ciseaux. — Mètre à ruban.

CHANTS ET JEUX

L'Hiver. — Souhaits de bonne année. (Delbruck.)
Les Petites Tricoteuses. (Delcasso.)

FÉVRIER

LEÇON DE CHOSES	DESSIN
Le corps humain. — Principaux organes des sens. *L'alimentation.* — Mets et boissons ; boulanger, boucher, fruitier, épicier, faim, appétit, indigestion.	Œil, oreille, nez, main. Fourneau, casserole, poêle, chaudron, marmite, bouilloire, gril.

CHANTS ET JEUX

La Gymnastique. (Lainé.)
Le Pain. (Delbruck.)

MARS

LEÇON DE CHOSES	DESSIN
L'habitation. — Bois, pierre, fer, briques ; ardoise, plâtre, chaux ; tuile, chaume, zinc. — Diverses industries du bâtiment. *Les abeilles.* — Ruche, cellules, cire, miel.	Maison, fenêtre, porte ; table, lit ; chaise, armoire, commode, mur, rangées de pierres de taille, de briques ; plan d'une maison, charpente ; marteau, scie, tenaille, équerre, compas, fil à plomb, auge, truelle.

CHANTS ET JEUX

Les Petits Ouvriers. — La Ronde des abeilles. (Mme Pape-Carpantier.)

AVRIL

LEÇON DE CHOSES	DESSIN
La végétation. — Graines, racines, tige, fleurs, etc. *Les insectes.* — Hannetons. — Chenilles. — Vers à soie. *Les nids d'oiseaux.* — Services que nous rendent les oiseaux. — Hirondelles.	Fleurs, feuilles, haricots, pois, pommes de terre.

CHANTS ET JEUX

Le Printemps. (Delbruck.)
Le Ver à soie. (Mme Pape-Carpantier.)

MAI

LEÇON DE CHOSES	DESSIN
L'eau. — Ruisseau, rivière, fleuve, mer, marée, bains froids, natation. *La pêche.* — Poissons de mer et poissons d'eau douce. *Le blanchissage.* — Savon, propreté.	Baignoire. Bateau, hameçon, filet, ligne, poisson. Baquet, pompe, fontaine, puits, battoir.

CHANTS ET JEUX

Vive l'eau ! (Delbruck.)
Les Bourgeois de Provence.

JUIN

LEÇON DE CHOSES	DESSIN
La ferme. — La fenaison. — Cheval, âne, chien de berger, loup, mouton, porc, dindon, poule, oie, canard, pigeon. — Laiterie, lait, beurre, fromage.	Terrine, baratte, boîte au lait, litre.

CHANTS ET JEUX

Le Petit Berger. — La Fenaison. (Delcasso.)

JUILLET

LEÇON DE CHOSES	DESSIN
L'orage. — Éclair, tonnerre, grêle, vent, paratonnerre, arc-en-ciel. *Les fruits.* — Cerises, fraises. abricots, poires, pommes, prunes.	Maison, paratonnerre; arc-en-ciel ; parapluie. Bouquet de cerises; abricots, poires, pommes, prunes.

CHANTS ET JEUX

L'Été. — La Marchande de fruits. (Delbruck.)

AOUT

LEÇON DE CHOSES	DESSIN
La moisson. — Blé, orge, avoine, farine, pain, pâte, four, boulanger, pâtissier. *Les voyages.* — Routes, chemins de fer, bateaux à vapeur ; cartes, points cardinaux, boussole, aimant ; Christophe Colomb ; races d'hommes, la patrie, le monde.	Gerbe, épi de blé ; faux, faucille ; moulin à vent, paire de meules ; balance, poids. Locomotive, rails ; bateau à voiles, à vapeur ; rames, gouvernail, boussole.

CHANTS ET JEUX

Le Jeu du blé. (Mme Pape-Carpantier.

La Ronde du Tour du Monde

SEPTEMBRE

LEÇON DE CHOSES	DESSIN
La chasse. - Chevreuil, cerf, sanglier, loup, renard, lièvre, lapin, perdrix, alouette, caille; fusil.	Cor de chasse, carnassière, fusil. Monnaies.
La fête du village. — Foire, boutique, feu d'artifice ; poudre. — Monnaie.	**CHANTS ET JEUX** Le Renard. (Delcasso.)

RÈGLEMENT SCOLAIRE MODÈLE

pour servir à la rédaction des règlements départementaux relatifs à la tenue des écoles maternelles publiques.

ARTICLE PREMIER. — Tout enfant dont l'admission dans une école maternelle est demandée doit présenter à la directrice, outre le billet et le certificat médical prescrits par l'article 3 du décret du 18 janvier 1887, un bulletin de naissance. La directrice doit garder ce bulletin, tant que l'enfant fréquente l'école.

Aucun enfant âgé de plus de six ans ne peut être admis sans une autorisation spéciale de l'inspecteur d'académie.

ART. 2. — Les écoles maternelles publiques sont ouvertes du 1er mars au 1er novembre, depuis sept heures du matin jusqu'à sept heures du soir; du 1er novembre au 1er mars, depuis huit heures du matin jusqu'à six heures du soir.

Les heures d'entrée et de sortie peuvent être modifiées, pour chaque commune, suivant les convenances locales, sur la demande du maire, par l'Inspecteur d'académie.

ART. 3. — Les parents qui négligent de venir chercher leurs enfants aux heures indiquées par les règlements sont avertis. En cas de récidive, l'enfant est rendu à sa famille. L'exclusion toutefois ne peut être prononcée que par l'Inspecteur d'académie, sur la proposition de la directrice et après avis du comité de patronage.

Les parents pourront laisser leurs enfants prendre leur repas de midi à l'école.

Art. 4. — L'école maternelle sera tenue dans un état constant de salubrité et de propreté.

Elle sera balayée et arrosée tous les jours.

L'air y sera fréquemment renouvelé.

Art. 5. — A l'arrivée des enfants à l'école maternelle, la directrice doit s'assurer par elle-même de leur état de santé et de propreté ; elle exigera que chacun soit pourvu d'un mouchoir de poche, et que son panier contienne, outre ses aliments, un couvert et une serviette.

Art. 6. — L'enfant amené à l'école maternelle dans un état de maladie n'est pas reçu. S'il devient malade dans le courant de la journée, il est reconduit chez ses parents, et, en cas d'urgence, envoyé chez le médecin de l'établissement [1].

Les enfants fatigués ou indisposés sont déposés sur un lit.

Art. 7. — En cas d'absence réitérée d'un enfant, la directrice s'enquiert des causes de cette absence. Elle en donne, dans tous les cas, avis à la présidente du comité de patronage, qui fait visiter, s'il y a lieu, cet enfant dans sa famille.

Art. 8. — Avant d'entrer dans la salle des exercices et à la sortie, les enfants sont conduits en ordre aux lieux d'aisance ; ils y sont toujours surveillés par la directrice et l'adjointe.

Avant et après le repas, et à l'issue de la récréation, les enfants doivent être conduits aux lavabos.

Art. 9. — Il est donné aux enfants, à titre de récompense, des bons points, des images ou des jouets.

A la fin de chaque mois, les bons points sont échangés contre

---

[1] Chaque fois que l'absence d'un élève sera occasionnée par l'une des maladies ci-après : variole, varicelle, scarlatine, rougeole, diphtérie, oreillons, l'instituteur, l'institutrice ou la directrice d'école maternelle ne devront recevoir cet enfant qu'après s'être assurés que la période d'isolement est écoulée.

Cette période, qui doit être comptée à partir du début de la maladie est de quarante jours pour la variole, la scarlatine et la diphtérie, de vingt-cinq jours pour la varicelle, la rougeole et les oreillons.

Quant aux enfants atteints de la coqueluche, maladie dont la durée est extrêmement variable, ils ne pourront être admis de nouveau dans les écoles qu'en présentant un certificat du médecin inspecteur des écoles, ou, à son défaut, du médecin traitant, attestant qu'ils sont guéris depuis un mois. (*Circ. aux préfets du 25 mars 1890.*)

des images ou des jouets. Sont interdites les distributions de prix.

Art. 10. — Les seules punitions permises sont les suivantes : privation, pour un temps très court, du travail et des jeux en commun ; retrait des bons points.

Art. 11. — Il est interdit de surcharger la mémoire des enfants de dialogues ou scènes dramatiques en vue de solennités publiques.

Art. 12. — Les directrices d'écoles maternelles publiques tiennent :

1° Un registre sur lequel sont inscrits les noms et prénoms des enfants, la date de leur naissance, la date du certificat du médecin, la date de l'admission, la date de la sortie, les noms, demeure et profession des parents ou tuteurs. Ce registre contiendra, en outre, une colonne d'observations ; il y sera joint un répertoire par lettres alphabétiques pour faciliter les recherches ;

2° Un registre sur lequel le médecin inscrit ses observations ;

3° Un carnet destiné au relevé des présences mensuelles ;

4° Un catalogue du mobilier et du matériel d'enseignement, avec indication des entrées et des sorties.

Ces registres seront visés par les inspecteurs et les inspectrices à chacune de leurs visites.

Art. 13. — Il est interdit aux directrices et aux adjointes d'accepter des parents aucune espèce de cadeaux.

Art. 14. — Il ne pourra être introduit dans l'école maternelle aucun livre, aucune brochure ni manuscrits étrangers à l'enseignement.

Art. 15. — Toute pétition, quête, souscription ou loterie est interdite dans l'école maternelle.

Art. 16. — Il ne peut être toléré aucune espèce d'animaux domestiques dans les parties de l'école maternelle réservées aux enfants.

Art. 17. — Le règlement général et le règlement spécial sont affichés dans toutes les écoles maternelles publiques et à la mairie de toutes les communes possédant une de ces écoles.

II

ORGANISATION PÉDAGOGIQUE DES ÉCOLES PRIMAIRES ÉLÉMENTAIRES

(*Arrêté du 18 janvier 1887*)

Art. 9. — L'enseignement dans les écoles primaires élémentaires est partagé en trois cours : cours élémentaire, cours moyen, cours supérieur.

La constitution de ces trois cours est obligatoire dans toutes les écoles, quel que soit le nombre des classes et des élèves.

Art. 10. — La durée des études se divise comme il suit :

Section enfantine : un ou deux ans, suivant que les enfants entrent à 6 ans ou à 5 ans ;

Cours élémentaire : deux ans, de 7 à 9 ans;

Cours moyen : deux ans, de 9 à 11 ans ;

Cours supérieur : deux ans, de 11 à 13 ans.

Art. 11. — Dans les écoles qui n'ont qu'un maître et qu'une classe, il ne pourra être établi aucune division ni dans le cours moyen ni dans le cours supérieur; il n'en pourra être établi plus de deux pour les enfants au-dessous de 9 ans.

Dans les écoles qui n'ont que deux maîtres, l'un sera chargé du cours moyen et du cours supérieur, l'autre du cours élémentaire, y compris, s'il y a lieu, la section des enfants au-dessous de 7 ans.

Dans les écoles qui ont trois maîtres, chaque cours forme une classe distincte.

Dans les écoles à quatre classes, le cours élémentaire comptera deux classes; chacun des deux autres cours, une seule classe.

Dans les écoles à cinq classes, le cours élémentaire comptera deux classes ; le cours moyen, deux ; le cours supérieur, une.

Dans les écoles à six classes, chacun des trois cours formera deux classes, à moins que le nombre des élèves du cours supérieur ne permette de les réunir en une seule classe.

Art. 12. — Toutes les fois qu'un même cours comprendra deux classes, l'une formera la première année du cours, l'autre la seconde.

Ces deux classes suivront le même programme; mais les leçons et les exercices seront gradués de telle sorte que les élèves puissent, dans la seconde année, revoir, approfondir et compléter les études de la première.

Art. 13. — Au-dessus de six classes, quel que soit le nombre des maîtres, aucun cours ne devra former plus de deux années. Les classes en plus du nombre de six, non compris la section enfantine, seront des classes parallèles destinées à dédoubler l'effectif, soit de la première, soit de la seconde année.

Art. 14. — Chaque année à la rentrée, les élèves, suivant leur degré d'instruction, sont répartis par le directeur dans les diverses classes des trois cours, sous le contrôle de l'inspecteur primaire.

Le certificat d'études donne droit à l'entrée dans le cours supérieur.

Art. 15. — Chaque élève, à son entrée à l'école, recevra un cahier spécial qu'il devra conserver pendant toute la durée de sa scolarité [1]. Le premier devoir de chaque mois dans chaque ordre d'études sera fait sur ce cahier par l'élève, en classe et sans secours étranger, de telle sorte que l'ensemble de ces devoirs permette de suivre la série des exercices et d'apprécier les progrès de l'élève d'année en année. Ce cahier restera déposé à l'école.

Art. 16. — Tout concours entre les écoles publiques auquel ne participerait pas l'ensemble des élèves de l'un au moins des trois cours est formellement interdit.

---

1 Le cahier de Devoirs mensuels a été introduit dans les écoles primaires par l'arrêté du 27 juillet 1882 et il a fait l'objet d'une circulaire ministérielle aux Inspecteurs d'Académie du 15 août 1884. Une autre circulaire du 31 août 1884 insiste sur l'importance de ce cahier et rappelle que l'usage en est *obligatoire*. Cette même circulaire contient un tableau de roulement des devoirs permettant de passer en revue, dans chaque cours, à peu près toutes les matières du programme. Nous reproduisons ici ce tableau qu'il importe de connaître :

TABLEAU DES DEVOIRS MENSUELS (1)

PREMIÈRE ANNÉE	DEUXIÈME ANNÉE
COURS ÉLÉMENTAIRE	
1° Ecriture.	1° Ecriture (2).
2° Premiers exercices de langue fran-çaise.	2° Premiers exercices de langue fran-çaise (3).
3° Premiers exercices de calcul.	3° Premiers exercices de calcul.
4°	4° — — de dessin.
COURS MOYEN	
1° Ecriture.	1° Ecriture.
2° Langue française.	2° Langue française.
3° Calcul.	3° Calcul.
4° Dessin, histoire, géographie, premiers exercices de composition française, *alternativement* (4).	4° Exercices de composition française.
5°	5° Dessin, histoire, géographie, instruction civique, *alternativement* (5).
COURS SUPÉRIEUR	
1° Ecriture.	1° Ecriture.
2° Langue française.	2° Langue française.
3° Calcul.	3° Calcul.
4° Exercices de composition française.	4° Exercices de composition française.
5° Dessin, histoire, géographie, morale, instruction civique, éléments des sciences physiques et naturelles, *alternativement* (6).	5° Dessin, histoire, géographie, morale, instruction civique, éléments de sciences physiques et naturelles, *alternativement* 6.

(1) Tous les devoirs inscrits sous les nos 1, 2, 3 et 4 se feront chaque mois dans tous les cours.
(2) Dans la 1re année du cours élémentaire, tous les devoirs seront faits en grosse moyenne, et en fine moyenne dans la 2me année. Dans les cours moyen et supérieur, les élèves seront exercés dans les trois genres d'écriture.
(3) Faire suivre la dictée soit de petits exercices d'invention et de composition, soit de quelques notes à analyser grammaticalement.
(4) De telle sorte que chacune des matières donne lieu à un devoir tous les trimestres.
(5) A partir de la 2me année du cours moyen, on fera chaque mois, en plus du devoir ordinaire, l'un des devoirs inscrits au no 5.
(6) Dans les deux divisions du cours supérieur, on fera chaque quinzaine, l'un des devoirs inscrits au no 5.

Art. 17. — L'enseignement donné dans les écoles primaires publiques se rapporte à un triple objet : *éducation physique, éducation intellectuelle, éducation morale.* Les leçons et exercices gradués qu'il comporte sont répartis dans le cours d'études, conformément aux programmes annexés au présent arrêté.

Art. 18. — Au commencement de chaque année scolaire, le tableau de l'emploi du temps par jour et par heure est dressé par le directeur de l'école, et, après approbation de l'inspecteur primaire, il est affiché dans les salles de classe.

Art. 19. — La répartition des exercices doit satisfaire aux conditions générales ci-après déterminées :

I. — Chaque séance doit être partagée en plusieurs exercices différents, coupés par les récréations réglementaires.

II. — Les exercices qui demandent le plus grand effort d'attention, tels que les exercices d'arithmétique, de grammaire, de rédaction, seront placés de préférence le matin, ou, dans les écoles de demi-temps, au commencement de la classe.

III. — Toute leçon, toute lecture, tout devoir, sera accompagné d'explications orales et d'interrogations.

IV. — La correction des devoirs et la récitation des leçons ont lieu pendant les heures de classes auxquelles se rapportent ces devoirs et ces leçons. Dans la règle, les devoirs sont corrigés au tableau noir en même temps que se fait la visite des cahiers. Les rédactions sont corrigées par le maître en dehors de la classe.

V. — Les trente heures de classe par semaine (non compris le temps que les élèves peuvent consacrer soit à domicile, soit dans des études surveillées, à la préparation des devoirs et des leçons) devront être réparties d'après les indications suivantes :

1° Il y aura, chaque jour, dans les deux premiers cours, une leçon qui, sous la forme d'entretien familier, ou au moyen d'une lecture appropriée, sera consacrée à l'instruction morale. Dans le cours supérieur, cette leçon sera, autant que possible, le développement méthodique du programme de morale.

2° L'enseignement du français (exercices de lecture, lectures expliquées, leçons de grammaire, exercices orthographiques, dictées, analyses, récitations, exercices de composition, etc.), occupera tous les jours environ deux heures.

3° L'enseignement scientifique occupera en moyenne, et suivant les cours, d'une heure à une heure et demie par jour, savoir : trois quarts d'heure ou une heure pour l'arithmétique et les exercices qui s'y rattachent, le reste pour les leçons de choses et les premières notions scientifiques.

4° L'enseignement de l'histoire et de la géographie, auquel se rattache l'instruction civique, comportera environ une heure de leçon tous les jours.

5° Le temps consacré aux exercices d'écriture proprement dite sera d'une heure au moins par jour dans le cours élémentaire et se réduira graduellement, à mesure que les divers devoirs dictés ou rédigés pourront en tenir lieu.

6° L'enseignement du dessin, commencé par des leçons très courtes dès le cours élémentaire, occupera dans les deux autres cours deux ou trois leçons chaque semaine.

7° Les leçons de chant occuperont de une à deux heures par semaine, indépendamment des exercices de chant, qui auront lieu tous les jours à la rentrée et à la sortie des classes.

8° La gymnastique, outre les évolutions et les exercices sur place qui peuvent accompagner les mouvements de classe, occupera tous les jours, ou au moins tous les deux jours, une séance dans le courant de l'après-midi.

En outre, dans les communes où les bataillons scolaires sont constitués, les exercices de bataillon ne pourront avoir lieu que le jeudi et le dimanche; le temps à y consacrer sera déterminé par l'instructeur militaire, de concert avec le directeur de l'école.

9° Enfin, pour les garçons aussi bien que pour les filles, deux ou trois heures par semaine seront consacrées aux travaux manuels.

PROGRAMMES DES ÉCOLES PRIMAIRES ÉLÉMENTAIRES

(Arrêté du 27 juillet 1882)

I

ÉDUCATION PHYSIQUE

OBJET. — MÉTHODE. — PROGRAMME

1° *Objet.* — L'éducation physique a un double but :

D'une part, fortifier le corps, affermir le tempérament de l'enfant, le placer dans des conditions hygiéniques les plus favorables à son développement physique en général ;

D'autre part, lui donner de bonne heure ces qualités d'adresse et d'agilité, cette dextérité de la main, cette promptitude et cette sûreté de mouvements qui, précieuses pour tous, sont plus particulièrement nécessaires aux élèves des écoles primaires, destinés pour la plupart à des professions manuelles.

Sans perdre son caractère essentiel d'établissement d'éducation et sans se changer en atelier, l'école primaire peut et doit faire aux exercices du corps une part suffisante pour préparer et prédisposer, en quelque sorte, les garçons aux futurs travaux de l'ouvrier et du soldat, les filles aux soins du ménage et aux ouvrages de femme.

2° *Méthode.* — Les exercices du corps faisant diversion à l'ensemble des travaux scolaires et des leçons proprement dites, il sera généralement facile d'obtenir que les élèves y apportent de la bonne volonté et de l'entrain, qu'ils les considèrent comme une véritable récréation.

La marche de l'enseignement est réglée avec le plus grand détail, pour la gymnastique et les exercices militaires, par les manuels en usage, ainsi que par les directions que donnent les professeurs et instructeurs spéciaux.

Pour le travail manuel des garçons, les exercices se répartissent en deux groupes : l'un comprend les divers exercices destinés d'une façon générale à délier les doigts et à faire acquérir la dextérité, la souplesse, la rapidité et la justesse des mouvements; l'autre groupe comprend les exercices gradués de modelage qui servent de complément à l'étude correspondante du dessin, et particulièrement du dessin industriel.

Le travail manuel des filles, outre les ouvrages de couture et de coupe, comporte un certain nombre de leçons, de conseils, d'exercices au moyen desquels la maîtresse se proposera, non pas de faire un cours régulier d'économie domestique, mais d'inspirer aux jeunes filles, par un grand nombre d'exemples pratiques, l'amour de l'ordre, de leur faire acquérir les qualités sérieuses de la femme de ménage et de les mettre en garde contre les goûts frivoles ou dangereux.

3° *Programme.* — Voir les tableaux ci-après.

	SECTION ENFANTINE DE 5 A 7 ANS	COURS ÉLÉMENTAIRE DE 7 A 9 ANS
1° Soins d'hygiène et de propreté.	Inspection des enfants à leur arrivée. — Surveillance de leurs jeux au point de vue hygiénique. — Soins particuliers pour les plus faibles.	Inspection des enfants à leur arrivée et à leur rentrée en classe. — Exiger une absolue propreté. — Surveiller leurs jeux. — Conseils pratiques et donnés, soit en commun, soit en particulier, sur l'alimentation, le vêtement, la tenue du corps et des habits.
2° Gymnastique. (Suivre les *manuels* distincts pour les garçons et pour les filles, publiés par le Ministère).	Jeux, rondes, évolutions, mouvements rythmés, exercices gradués.	Exercices préparatoires. — Mouvements et flexions des bras et des jambes. — Exercice des haltères et de la barre. — Course cadencée. — Évolutions.
Exercices militaires. (Pour les garçons).	....	....
3° Travaux manuels. (Pour les garçons).	Petits exercices de tressage, pliage, tissage. Découpage et application de pièces de papier de couleur sur des dessins géométriques. Petite vannerie. Combinaisons en laine de couleur sur le canevas ou le papier.	Exercices manuels destinés à développer la dextérité de la main. Découpage de carton-carte en forme de solides géométriques. Vannerie : assemblage de brins de couleurs diverses. Modelage : reproduction de solides géométriques et d'objets très simples.
4° Travaux manuels. (Pour les filles.)	Petits exercices Fræbel : tissage, pliage, tressage. Petits ouvrages de tricot.	Tricot et étude du point : mailles à l'endroit, à l'envers, côtes, augmentations, diminutions. Point de marque sur canevas. Éléments de couture : ourlets, surjets. Exercices manuels destinés à développer la dextérité de la main ; découpage et application de pièces de papier de couleur. — Petits essais de modelage.

COURS MOYEN DE 9 A 11 ANS	COURS SUPÉRIEUR DE 11 A 13 ANS
Suite des mêmes moyens d'instruction et d'éducation.	Suite des mêmes moyens d'instruction et d'éducation.
Suite des exercices de flexion et d'extension des bras et des jambes. Exercices avec haltères. — Exercices de la barre, des anneaux, de l'échelle, de la corde à nœuds, des barres à suspension, des barres parallèles fixes, de la poutre horizontale, des perches, du trapèze. — Évolutions.	Suite des mêmes exercices. — Exercice d'équilibre sur un pied. — Mouvements des bras combinés avec la marche. — Exercices à deux avec la barre. — Courses. — Sauts : exercice de la canne (pour les garçons).
Exercices de marche, d'alignement, de formation des pelotons, etc. — Préparation à l'exercice militaire 1.	Exercice militaire : École du soldat sans armes. — Principes des différents pas. — Alignements. — Marches ; contremarches et haltes. — Changements de direction.
Construction d'objets de cartonnage revêtus de dessins coloriés et de papiers de couleur. Petits travaux en fil de fer : treillage. Combinaison de fil de fer et de bois : cages. Modelage : ornements simples d'architecture. Notions sur les outils les plus usuels.	Exercices combinés de dessin et de modelage : croquis cotés d'objets à exécuter et construction de ces objets d'après les croquis, ou *vice versa*. Étude des principaux outils employés au travail du bois. — Exercices pratiques gradués. — Rabotage, sciage des bois, assemblages simples. Boîtes clouées ou assemblées sans pointes. Tour à bois, tournage d'objets très simples. Étude des principaux outils employés dans le travail du fer, exercices de lime, ébarbage ou finissage d'objets bruts de forge ou venus de fonte.
Tricot et remaillage. Marques sur canevas. Éléments de la couture : point devant, point de côté, point en arrière, point de surjet. — Couture simple, ourlet, couture double, surjets sur lisières, sur plis rentrés. Confection d'ouvrages de couture simples et faciles (essuie-mains, serviettes, mouchoirs, tabliers, chemises), rapiéçage.	Tricot de jupons, gilets, gants. Marque sur la toile. Piqûres, froncés, boutonnières, raccommodage de vêtements, reprises. Notion de coupe et confection de vêtements les plus faciles. Notions très simples d'économie domestique et application à la cuisine, — au blanchissage et à l'entretien du linge, — à la toilette. — aux soins du ménage, du jardin, de la basse-cour. Exercices pratiques à l'école et à domicile.

1 Pour les élèves âgés de plus de 10 ans (cours moyen et supérieur) exercices de tir à dix mètres à la carabine Flobert. (Arrêté du 27 juillet 1883).

II

ÉDUCATION INTELLECTUELLE

OBJET. — MÉTHODE. — PROGRAMME

1° *Objet.* — L'éducation intellectuelle telle que peut la faire l'école primaire publique est facile à caractériser.

Elle ne donne qu'un nombre limité de connaissances. Mais ces connaissances sont choisies de telle sorte que non seulement elles assurent à l'enfant tout le savoir pratique dont il aura besoin dans la vie, mais encore elles agissent sur ses facultés, forment son esprit, le cultivent, l'étendent et constituent vraiment une éducation.

L'idéal de l'école primaire n'est pas d'enseigner beaucoup, mais de bien enseigner. L'enfant qui en sort sait peu, mais sait bien ; l'instruction qu'il a reçue est restreinte, mais elle n'est pas superficielle. Ce n'est pas une demi-instruction, et celui qui la possède ne sera pas un demi-savant, car ce qui fait qu'une instruction est, dans son genre, complète ou incomplète, ce n'est pas l'étendue plus ou moins vaste du domaine qu'elle cultive, c'est la manière dont elle l'a cultivé.

L'instruction primaire, en raison de l'âge des élèves et des carrières auxquelles ils se destinent, n'a ni le temps ni les moyens de leur faire parcourir un cycle d'études égal à celui de l'enseignement secondaire ; ce qu'elle peut faire pour eux, c'est que leurs études leur profitent autant et leur rendent, dans une sphère plus humble, les mêmes services que les études secondaires aux élèves des lycées : c'est que les uns comme les autres emportent de l'enseignement public, d'abord une somme de connaissances appropriée à leurs futurs besoins, ensuite et surtout de bonnes habitudes d'esprit, une intelligence ouverte et éveillée, des idées claires, du jugement, de la réflexion, de l'ordre et de la justesse dans la pensée et dans le langage. « L'objet de l'enseignement pri- « maire — comme on l'a très justement dit [1] — n'est pas d'em- « brasser, sur les diverses matières auxquelles il touche, tout « ce qu'il est possible de savoir, mais de bien apprendre, « dans chacune d'elles, ce qu'il n'est pas permis d'igno- rer. »

2° *Méthode.* — L'objet de l'enseignement étant ainsi défini, la méthode à suivre s'impose d'elle-même : elle ne peut con- sister, ni dans une suite de procédés mécaniques, ni dans le seul apprentissage de ces premiers instruments de communi- cation : la lecture, l'écriture, le calcul, ni dans une froide suc- cession de leçons exposant aux élèves les différents chapitres d'un cours.

La seule méthode qui convienne à l'enseignement primaire est celle qui fait intervenir tour à tour le maître et les élèves, qui entretient, pour ainsi dire, entre eux et lui, un continuel échange d'idées, sous des formes variées, souples et ingénieu- sement graduées. Le maître part toujours de ce que les enfants savent, et, procédant du connu à l'inconnu, du facile au diffi- cile, il les conduit par l'enchaînement des questions orales ou des devoirs écrits à découvrir les conséquences d'un principe et les applications d'une règle, ou inversement les principes et les règles qu'ils ont déjà inconsciemment appliqués.

En tout enseignement, le maître, pour commencer, se sert d'objets sensibles, fait voir et toucher les choses, met les

---

1. GRÉARD, *Rapport sur la situation de l'enseignement primaire de la Seine en 1875.*

enfants en présence de réalités concrètes, puis peu à peu les exerce à en dégager l'idée abstraite, à comparer, à généraliser, à raisonner sans le secours d'exemples matériels.

C'est donc par un appel incessant à l'attention, au jugement, à la spontanéité intellectuelle de l'élève que l'enseignement primaire peut se soutenir. Il est essentiellement intuitif et pratique : *intuitif*, c'est-à-dire qu'il compte avant tout sur le bon sens naturel, sur la force de l'évidence, sur cette puissance innée qu'a l'esprit humain de saisir du premier regard et sans démonstration non pas toutes les vérités, mais les vérités les plus simples et les plus fondamentales ; *pratique*, c'est-à-dire qu'il n'oublie jamais que les élèves de l'école primaire n'ont pas de temps à perdre en discussions oiseuses, en théories savantes, en curiosités scolastiques, et que ce n'est pas trop de cinq ou six années de séjour à l'école pour les munir du petit trésor d'idées dont ils ont strictement besoin, et surtout pour les mettre en état de le conserver et de le grossir dans la suite.

C'est à cette double condition que l'enseignement primaire peut entreprendre l'éducation et la culture de l'esprit ; c'est, pour ainsi dire, la nature seule qui le guide : il développe parallèlement les diverses facultés de l'intelligence par le seul moyen dont il dispose, c'est-à-dire en les exerçant d'une manière simple, spontanée, presque instinctive : il forme le jugement en amenant l'enfant à juger, l'esprit d'observation en faisant beaucoup observer, le raisonnement en aidant l'enfant à raisonner lui-même et sans règles de logique.

Cette confiance dans les forces naturelles de l'esprit qui ne demandent qu'à se développer et cette absence de toute prétention à la science proprement dite conviennent à tout enseignement rudimentaire, mais s'imposent surtout à l'école primaire publique, qui doit agir non sur quelques enfants à part, mais sur la masse de la population enfantine. L'enseignement y est nécessairement collectif et simultané : le maître ne peut se donner à quelques-uns, il se doit à tous ; c'est par les résultats obtenus sur l'ensemble de sa classe, et non pas sur une élite seulement, que son œuvre pédagogique doit être appréciée. Quelles que soient les inégalités d'intelligence que présentent ses élèves, il est un minimum de connaissances et d'aptitudes que l'enseignement primaire doit communiquer,

sauf des exceptions très rares, à tous le   e niveau sera
très facilement dépassé par quelques-u.   , le fût-il, s'il
n'est pas atteint par tout le reste de l.   .e, le maître n'a
pas bien compris sa tâche ou ne l'a pas   .èrement remplie.

3° *Programme*. — Voir les tableaux ci-après.

	SECTION ENFANTINE DE 5 A 7 ANS	COURS ÉLÉMENTAIRE DE 7 A 9 ANS	COURS MOYEN DE 9 A 11 ANS	COURS SUPÉRIEUR DE 11 A 13 ANS
1° Lecture. 2° Écriture. 3° Langue française.	Premiers exercices de lecture. Lettres, syllabes, mots. Premiers éléments. Exercices combinés de langage, de lecture et d'écriture préparant à l'orthographe. 1° Exercices oraux. — Questions très familières ayant pour objet d'apprendre aux enfants à s'exprimer nettement; corriger les défauts de prononciation ou d'accent local. 2° Exercices de mémoire : Récitation de très courtes poésies. 3° Exercices écrits : Premières dictées d'un mot, puis de deux ou trois, puis de très petites phrases. . . . . 5° Lectures très brèves faites par la maîtresse, écoutées et racontées par les enfants.	Lecture courante avec explication des mots. Écriture en gros, en moyen et en fin. Notions premières données oralement sur le nom (le nombre, le genre), l'adjectif, le pronom, le verbe (premiers éléments de la conjugaison). Idée de la formation du pluriel et du féminin ; — de l'accord de l'adjectif avec le nom, du verbe avec le sujet. Idée de la proposition simple. 1° Exercices oraux. — Questions et explications notamment au cours de la leçon de lecture, ou de la correction des devoirs. Interrogations sur le sens, l'emploi, l'orthographe des mots du texte lu. — Épellation de mots difficiles. Reproduction orale de petites phrases lues et expliquées, puis de récits ou de fragments de récits faits par le maître. 2° Exercices de mémoire : Récitation de poésies d'un genre très simple. 3° Exercices écrits : Dictées graduées d'orthographe usuelle et d'orthographe de règles. Petits exercices grammaticaux de forme très variée. Reproduction écrite (au tableau noir, sur l'ardoise, sur le cahier) de quelques phrases expliquées précédemment. Composition de petites phrases, avec des éléments donnés. 4° Exercices d'analyse : Analyse grammaticale (le plus souvent orale, quelquefois écrite). Décomposition de la proposition en ses termes essentiels. 5° Lecture à haute voix par le maître, deux fois par semaine, d'un morceau propre à intéresser les enfants.	Lecture courante avec explications. Écriture cursive ordinaire. Grammaire élémentaire. — Les dix parties du discours. — Conjugaisons. — Notions de syntaxe. Règles générales du participe passé. — Notions sur les familles de mots, les mots dérivés et composés. — Principes de la ponctuation. 1° Exercices oraux. Élocution et prononciation : Interrogations grammaticales. Reproduction de récits faits de vive voix, résumé de morceaux lus en classe. 2° Exercices de mémoire : Récitation de fables, de petites poésies, quelques morceaux de prose. 3° Exercices écrits : Dictées prises autant que possible dans les auteurs classiques et sans recherche des difficultés grammaticales. Exercices d'invention, de construction de phrases ; homonymes, synonymes. Correction mutuelle des dictées et des exercices par les élèves. Reproduction écrite et non littérale de morceaux lus en classe ou à domicile, et de récits faits de vive voix par le maître. Premiers exercices de rédaction sur les sujets les plus simples et les mieux connus des enfants. 4° Exercices d'analyse : Analyse grammaticale, surtout orale. Analyse logique, bornée aux distinctions fondamentales. 5° Lecture à haute voix par le maître, deux fois par semaine, de morceaux empruntés aux auteurs classiques.	Lecture expressive. Cursive, ronde, bâtarde. Révision de la grammaire et de la syntaxe. Étude de la proposition et des principales sortes de propositions. Fonctions des mots dans la phrase. Principales règles relatives à l'emploi des mots et à la concordance des temps. Cas difficiles que présente l'orthographe de certains noms, pronoms, adjectifs, verbes irréguliers. Notions d'étymologie usuelle et de dérivation. 1° Exercices oraux. — Suite et développement des exercices d'élocution. Compte rendu de lectures, de leçons, de promenades, d'expériences, etc. Exposé de vive voix par l'élève d'un morceau historique ou littéraire qu'il a été chargé de lire et d'analyser. 2° Exercices de mémoire : Récitation expressive de morceaux choisis, en prose et en vers, de dialogues, de scènes empruntées aux classiques. 3° Exercices écrits : Dictées prises dans les auteurs classiques et sans recherche des difficultés grammaticales. Exercices sur la dérivation et la composition des mots, sur l'étymologie, sur l'application des règles les plus importantes de la syntaxe. Rédaction sur des sujets simples. — Compte rendu de leçons et de lectures. 4° Exercices d'analyse : Questions d'analyse grammaticale à propos de cas difficiles rencontrés dans la lecture. Exercices oraux d'analyse logique. 5° Lecture par le maître, avec le concours des élèves ; sujets littéraires, dramatiques, historiques.

	SECTION ENFANTINE DE 5 A 7 ANS	COURS ÉLÉMENTAIRE DE 7 A 9 ANS	COURS MOYEN DE 9 A 11 ANS	COURS SUPÉRIEUR DE 11 A 13 ANS
4° Histoire [1]	Anecdotes, biographies tirées de l'histoire nationale, contes, récits de voyages. Explications d'images.	Récits et entretiens familiers sur les plus grands personnages et les faits principaux de l'histoire nationale, jusqu'à la fin de la guerre de Cent ans.	Notions sommaires d'histoire de France, insistant exclusivement sur les faits essentiels, depuis la fin du xve siècle jusqu'à nos jours. Exemple de répartition trimestrielle. 1° *Dans les écoles à une seule classe :* 1er trimestre. De la fin du xve siècle à 1715. 2e — De 1715 à 1815. 3e — De 1815 à nos jours. 4e — Révision. 2° *Dans les écoles ayant deux classes distinctes correspondant aux deux années du cours moyen.* *1re année* 1er trimestre. Des origines à 1610. 2e et 3e trimestres. De 1610 à 1789. 4e trimestre. Révision. *2e année* 1er trimestre. De 1789 à 1804. 2e — De 1804 à 1848. 3e — De 1848 à nos jours. 4e — Révision depuis 1610.	Révision méthodique de l'histoire de France ; étude plus approfondie de la période moderne. Notions très sommaires d'histoire générale : pour l'antiquité, l'Egypte, les Juifs, les Grecs, Rome ; – pour le moyen âge et les temps modernes, grands événements étudiés surtout dans leurs rapports avec l'histoire de France.
5° Géographie.	Causeries familières et petits exercices préparatoires, servant surtout à provoquer l'esprit d'observation chez les enfants, en leur faisant simplement remarquer les phénomènes les plus ordinaires, les principaux accidents du sol.	Suite et développement des exercices du premier âge. Les points cardinaux non appris par cœur, mais trouvés sur le terrain, dans la cour, dans les promenades, d'après la position du soleil. Exercices d'observation : les saisons, les principaux phénomènes atmosphériques, l'horizon, les accidents du sol, etc. Explication des termes géographiques (montagnes, fleuves, mers, golfes, isthmes, détroits, etc.) en partant toujours d'objets vus par l'élève et en procédant par analogie. Préparation à l'étude de la géographie par la méthode intuitive et descriptive :	Géographie de la France et de ses colonies : Géographie physique ; Géographie politique avec étude plus approfondie du canton, du département, de la région. Exercices de cartographie au tableau noir et sur cahier, sans calque.	Révision et développement de la géographie de la France. Géographie physique et politique de l'Europe. Géographie plus sommaire des autres parties du monde. Les colonies françaises. Exercices cartographiques de mémoire.

[1] Nous donnons le programme d'histoire tel qu'il a été modifié par l'arrêté du 4 janvier 1894, (*Cours élémentaire et moyen*).

	SECTION ENFANTINE DE 5 A 7 ANS	COURS ÉLÉMENTAIRE DE 7 A 9 ANS	COURS MOYEN DE 9 A 11 ANS	COURS SUPÉRIEUR DE 11 A 13 ANS
5° Géographie (suite).	....	1° La géographie locale (maison, rue, hameau, commune, canton, etc.); 2° La géographie générale (la terre, sa forme, son étendue, ses grandes divisions, leurs subdivisions). Idée de la représentation carto- graphique : éléments de la lec- ture des plans et cartes. Globe terrestre, continents et océans. Entretiens sur le lieu natal.		
6° Instruction civique.	....	Explications très familières, à propos de la lecture, des mots pouvant éveiller une idée natio- nale, tels que : citoyen, soldat, armée, patrie; — commune, canton, département, nation; — loi, justice, force publique, etc.	Notions très sommaires sur l'organisation de la France : Le citoyen, ses obligations et ses droits; l'obligation scolaire, le service militaire, l'impôt, le suffrage universel; La commune, le maire et le conseil muni- cipal; Le département, le préfet et le conseil général; L'État, le pouvoir législatif, le pouvoir exécutif, la justice.	Notions plus approfondies sur l'organisation politique, administrative et judiciaire de la France : La Constitution, le Président, la République, le Sénat, la Chambre des députés, la loi; — l'administration centrale, départementale et communale; les diverses autorités; la justice civile et pénale; — l'enseignement, ses divers degrés; la force publique; l'armée.
7° Calcul arithmétique.	Premiers éléments de la numé- ration orale et écrite. Petits exercices de calcul mental. Ad- dition et soustraction sur des nombres concrets et ne dépas- sant pas la première centaine. Étude des dix premiers nombres et des expressions demi, moitié, tiers, quart. Les quatre opérations sur des nombres de deux chiffres. Le mètre, le franc, le litre.	Principes de la numération parlée et de la numération écrite. Calcul mental : Les quatre règles appliquées intuitivement d'abord à des nombres de 1 à 10; puis de 1 à 20; puis de 1 à 100. Étude de la table d'addition et de la table de multiplication. Calcul écrit : L'addition, la soustraction, la multiplication : règles générales des trois opérations sur les nombres entiers. La division bornée aux nombres de deux chiffres au diviseur. Petits problèmes oraux, écrits, portant sur les sujets les plus usuels; exercices de raisonne- ment sur les problèmes et sur les opérations exécutées. Notion du mètre, du litre, du franc, du gramme, de ses mul- tiples et sous-multiples.	Révision du cours précédent. La division des nombres entiers. Idée générale des fractions. Les fractions décimales. Application des quatre règles aux nom- bres décimaux. Règle de trois, règle d'intérêt simple. Problèmes usuels et exercices d'applica- tion. — Solutions raisonnées. Suite et développement des exercices de calcul mental appliqués à toutes ces opérations.	Révision avec développement, d'une part, pour la théorie et le raisonnement; d'autre part, pour la recherche des procédés rapides, soit de calcul mental, soit de calcul écrit. Nombres premiers. Caractères de divisibilité les plus importants. — Principes de la décomposition d'un nombre en ses facteurs premiers. Plus grand commun diviseur. — Résolution des problèmes d'intérêt, d'es- compte, de partages, de moyennes, etc. Système métrique, applications à la mesure des volumes et à leurs rapports avec les poids. Premières notions de comptabilité.
8° Géométrie.	....	Simples exercices pour faire reconnaître et désigner les fi- gures régulières les plus élé- mentaires : carré, rectangle, triangle, cercle. Différentes sortes d'angles. Idée des trois dimensions. Notions sur les solides au moyen de modèles en relief.	Étude et représentation graphique au tableau noir des figures de géométrie plane et de leurs combinaisons les plus simples. Notions pratiques sur le cube, le prisme, le cylindre, la sphère, sur leurs pro- priétés fondamentales; applications au système métrique.	Notions sommaires sur la géométrie plane et sur la mesure des volumes. *Pour les garçons :* Application aux opérations les plus simples de l'arpentage. Idée du nivellement.

	SECTION ENFANTINE DE 5 A 7 ANS	COURS ÉLÉMENTAIRE DE 7 A 9 ANS	COURS MOYEN DE 9 A 11 ANS	COURS SUPÉRIEUR DE 11 A 13 ANS
8° Géométrie (suite).	....	Exercices fréquents de mesure et de comparaison des grandeurs par le coup d'œil; appréciation approximative des distances et leur évaluation en mesures métriques.		
9° Dessin d'ornement.	Combinaisons de lignes. Représentation de ces combinaisons sur l'ardoise et le papier au crayon ordinaire ou en traits de couleur; petits dessins d'invention sur le papier quadrillé; reproduction de dessins très simples faits par la maîtresse. Représentation d'objets usuels les plus simples.	Tracé des lignes droites et leur division en parties égales. Évaluation des rapports des lignes entre elles. Reproduction et évaluation des angles. Premiers principes du dessin d'ornement. Circonférences, polygones réguliers, rosaces étoilées.	*Dessin à main levée.* — Courbes géométriques usuelles : ellipses, spirales, etc. Courbes empruntées au règne végétal : tiges, feuilles, fleurs. Copie de plâtres représentant des ornements, plans d'un faible relief. Représentation géométrale au trait et représentation perspective, au trait, puis avec les ombres, de solides géométriques et d'objets usuels simples. *Dessin géométrique.* — Emploi (au tableau) des instruments servant au tracé des lignes droites et des circonférences : règle, compas, équerre et rapporteur. Se borner, dans cette partie du cours, à faire comprendre aux élèves l'usage de ces instruments dont ils acquerront le maniement dans le cours supérieur.	Premières notions de dessin géométral et éléments de perspective. *Dessin à main levée.* — Dessin, d'après l'estampe et d'après le relief, d'ornements purement géométriques : moulures, oves, rais de cœur, perles, denticule, etc. Dessin, d'après l'estampe et d'après le relief d'ornements empruntant leurs éléments au règne végétal : feuilles, fleurs et fruits, palmettes, rinceaux, etc. Notions élémentaires sur les ordres d'architecture données au tableau par le maître (8 leçons). Dessin de la tête humaine : ses parties, ses proportions. *Dessin géométrique.* — Exécution sur le papier, avec l'aide des instruments, des tracés géométriques qui ont été faits au tableau dans le cours moyen. Principes du lavis à teintes plates. Dessins reproduisant des motifs de décoration de surfaces planes ou d'un faible relief : carrelages, parquetages, vitraux, panneaux, plafonds. Lavis à l'encre de Chine et à la couleur de quelques-uns de ces dessins. Relevé avec cotes, et représentation géométrale, au trait, de solides géométriques et d'objets simples, tels que : assemblages de charpentes et de menuiserie, dispositions extérieures d'appareils de pierre de taille, grosses pièces de serrurerie, meubles les plus ordinaires, etc. — Emploi du lavis pour exprimer la nature des matériaux. Lavis des plans et des cartes.
10° Éléments usuels des sciences physiques et naturelles. (Leçons de choses.)	Notions très élémentaires sur le corps humain; hygiène (petits conseils); petite étude comparée des animaux que l'enfant connaît, des plantes, des pierres, des métaux: quelques plantes alimentaires et industrielles; pierres et métaux d'usage ordinaire. L'air, l'eau (vapeur, nuage, pluie, neige, glace).	Leçons de choses graduées. (L'homme, les animaux, les végétaux, les minéraux), observation d'objets et de phénomènes usuels avec des explications simples. Notions sommaires sur la transformation des matières premières en matières ouvrées d'usage courant (aliments, tissus, papiers, bois, pierres, métaux).	Notions très élémentaires de sciences naturelles. *L'homme.* — Description sommaire du corps humain et idée des principales fonctions de la vie. *Les animaux.* — Notions des grands embranchements et de la division des vertébrés en classes, à l'aide d'un animal pris comme type de chaque groupe.	Notions de sciences naturelles, révision avec extension du cours moyen. *L'homme.* — Notions sur la digestion, la circulation, la respiration, le système nerveux, les organes des sens. Conseils pratiques d'hygiène. Abus de l'alcool, du tabac, etc. *Les animaux.* — Grands traits de classification. Animaux utiles et animaux nuisibles.

	SECTION ENFANTINE DE 5 A 7 ANS	COURS ÉLÉMENTAIRE DE 7 A 9 ANS	COURS MOYEN DE 9 A 11 ANS	COURS SUPÉRIEUR DE 11 A 13 ANS
10° Éléments usuels des sciences physiques et naturelles (suite).	Petites leçons de choses, toujours avec les objets mis sous les yeux et dans les mains des enfants. Exercices et entretiens familiers ayant pour but de faire acquérir aux enfants les premiers éléments, des connaissances usuelles (la droite et la gauche ; noms des jours et des mois ; distinction d'animaux, de végétaux, de minéraux ; les saisons). et surtout de les amener à regarder, à observer, à comparer, à questionner et à retenir. Pour l'ordre à suivre dans les leçons, on essaiera de combiner, toutes les fois qu'on le pourra, en les rattachant à un même objet, la leçon de choses, le dessin, la leçon de morale, les jeux et les chants, de manière que l'unité d'impression de ces diverses formes d'enseignement laisse une trace plus durable dans l'esprit et le cœur des enfants. On s'efforcera de régler, autant que possible, l'ordre des leçons par l'ordre des saisons, afin que la nature même fournisse les objets de ces leçons et que l'enfant contracte ainsi l'habitude d'observer, de comparer et de juger.	Petites collections faites par les élèves, notamment au cours des promenades scolaires.	*Les végétaux.* — Etude, sur quelques types choisis, des principaux organes de la plante : notion des grandes divisions du règne végétal, indication de plantes nuisibles (surtout dans les promenades scolaires). Les trois états des corps. Notions sur l'air et l'eau et sur la combustion : petites démonstrations expérimentales.	*Les végétaux.* — Parties essentielles de la plante : principaux groupes. Herborisations. *Les minéraux.* — Notions sommaires sur le sol, les roches, les fossiles, les terrains : exemples tirés de la contrée. Excursions et petites collections. *Premières notions de physique.* — Pesanteur. Levier. Premiers principes de l'équilibre des liquides. Pression atmosphérique : baromètre. Notions très élémentaires et expériences les plus faciles sur la chaleur, la lumière, l'électricité, le magnétisme (thermomètre, machine à vapeur, paratonnerre, télégraphe, boussole). *Premières notions de chimie.* — Idée des corps simples, des corps composés. Métaux et sels usuels.
11° Agriculture et Horticulture. (Loi du 15 juin 1879, art. 10.)	. . . .	Premières leçons dans le jardin de l'école.	Notions, à propos des lectures, des leçons de choses et des promenades, sur les principales espèces de sols, les engrais, les travaux et les instruments usuels de culture (bêche, hoyau, charrue, etc.),	Notions plus méthodiques sur les travaux agricoles, les outils aratoires, le drainage, les engrais naturels et artificiels, les semailles et les récoltes ; — sur les animaux domestiques, — sur la comptabilité agricole. Notions d'horticulture : principaux procédés de multiplication des végétaux les plus utiles de la contrée. Notions d'arboriculture : greffes les plus importantes. Continuation du cours moyen.
12° Chant.	Petits chants des salles d'asile. Chants à l'unisson et à deux parties, exclusivement appris par l'audition.	Chants appris tout d'abord exclusivement par l'audition. Lecture des notes.	Chants d'ensemble à une et à deux voix appris par l'audition. Connaissance des mots, portée, clef de sol, lecture, premiers exercices d'intonation ; durée, ronde, blanche, noire, croches, silences, mesures à deux, trois et quatre temps ; lecture des notes avec la durée en battant la mesure. Exercices les plus simples de solfège ; dictées orales.	Exercices d'intonation. Clef de sol et clef de fa. Gamme diatonique majeure, intervalles naturels, signes altératifs. Principaux tons majeurs et mineurs. Durée. Exercices de solfège, dictées orales, exécution de morceaux d'ensemble à une et à deux parties.

III

ÉDUCATION MORALE [1]

OBJET. — MÉTHODE. — PROGRAMME

1° *Objet et méthode.* — L'éducation morale se distingue profondément, par son but et par ses caractères essentiels, des deux autres parties du programme.

But et caractère essentiels de cet enseignement. — L'enseignement moral est destiné à compléter et à relier, à relever et à ennoblir tous les enseignements de l'école. Tandis que les autres études développent chacune un ordre spécial d'aptitudes et de connaissances utiles, celle-ci tend à développer dans l'homme, l'homme lui-même, c'est-à-dire un cœur, une intelligence, une conscience.

Par là même, l'enseignement moral se meut dans une tout autre sphère que le reste de l'enseignement. La force de l'éducation morale dépend bien moins de la précision et de la liaison logique des vérités enseignées que de l'intensité du sentiment, de la vivacité des impressions et de la chaleur communicative de la conviction. Cette éducation n'a pas pour but de faire *savoir*, mais de faire *vouloir*; elle émeut plus qu'elle ne démontre: devant agir sur l'être sensible, elle procède plus du cœur que du raisonnement ; elle n'entreprend pas d'analyser toutes les raisons de l'acte moral, elle cherche avant tout à le produire, à le répéter, à en faire une habitude qui gouverne la vie. À l'école primaire surtout, ce n'est pas une science, c'est un art, l'art d'incliner la volonté libre vers le bien.

[1] Nous engageons les aspirants à lire les deux circulaires du 17 mars 1883, l'une aux recteurs, l'autre aux instituteurs, sur l'enseignement moral et civique dans les écoles primaires.

Rôle de l'instituteur dans cet enseignement. — L'instituteur est chargé de cette partie de l'éducation, en même temps
que des autres, comme représentant de la société; la société
laïque et démocratique a en effet l'intérêt le plus direct à ce
que tous ses membres soient initiés de bonne heure, et par des
leçons ineffaçables, au sentiment de leur dignité et à un sentiment non moins profond de leur devoir et de leur responsabilité personnelle.

Pour atteindre ce but, l'instituteur n'a pas à enseigner de
toutes pièces une morale théorique suivie d'une morale pratique, comme s'il s'adressait à des enfants dépourvus de toute
notion préalable du bien et du mal : l'immense majorité lui
arrive au contraire ayant déjà reçu ou recevant un enseignement religieux qui les familiarise avec l'idée d'un Dieu auteur
de l'univers et père des hommes, avec les traditions, les
croyances, les pratiques d'un culte chrétien ou israélite; au
moyen de ce culte et sous les formes qui lui sont particulières,
ils ont déjà reçu les notions fondamentales de la morale éter-
nelle et universelle; mais ces notions sont encore chez eux à
l'état de germe naissant et fragile; elles n'ont pas pénétré
profondément en eux-mêmes; elles sont fugitives et con-
fuses, plutôt entrevues que possédées, confiées à la mémoire
bien plus qu'à la conscience à peine exercée encore. Elles
attendent d'être mûries et développées par une culture con-
venable. C'est cette culture que l'instituteur public va leur
donner.

Sa mission est donc bien délimitée : elle consiste à fortifier,
à enraciner dans l'âme de ses élèves, pour toute leur vie, en
les faisant passer dans la pratique quotidienne, ces notions
essentielles de moralité humaine, communes à toutes les doc-
trines et nécessaires à tous les hommes civilisés. Il peut remplir cette mission sans avoir à faire personnellement ni adhé-
sion ni opposition à aucune des diverses croyances confession-
nelles auxquelles ses élèves associent et mêlent les principes
généraux de la morale.

Il prend ces enfants tels qu'ils lui viennent, avec leurs idées
et leur langage, avec les croyances qu'ils tiennent de la famille,
et il n'a d'autre souci que de leur apprendre à en tirer ce
qu'elles contiennent de plus précieux au point de vue social,
c'est-à-dire les préceptes d'une haute moralité.

Objet propre et limites de cet enseignement. — L'enseignement moral laïque se distingue donc de l'enseignement religieux sans le contredire. L'instituteur ne se substitue ni au prêtre ni au père de famille; il joint ses efforts aux leurs pour faire de chaque enfant un honnête homme. Il doit insister sur les devoirs qui rapprochent les hommes, et non sur les dogmes qui les divisent. Toute discussion théologique ou philosophique lui est manifestement interdite par le caractère même de ses fonctions, par l'âge de ses élèves, par la confiance des familles et de l'État; il concentre tous ses efforts sur un problème d'une autre nature, mais non moins ardu, par cela même qu'il est exclusivement pratique: c'est de faire faire à tous ces enfants l'apprentissage effectif de la vie morale.

Plus tard, devenus citoyens, ils seront peut-être séparés par des opinions dogmatiques, mais du moins ils seront d'accord dans la pratique pour placer le but de la vie aussi haut que possible, pour avoir la même horreur de tout ce qui est bas et vil, la même admiration de ce qui est noble et généreux, la même délicatesse dans l'appréciation du devoir, pour aspirer au perfectionnement moral, quelques efforts qu'il coûte, pour se sentir unis, dans ce culte général du bien, du beau et du vrai, qui est aussi une forme, et non la moins pure, du sentiment religieux.

Que par son caractère, par sa conduite, par son langage, il soit lui-même le plus persuasif des exemples. Dans cet ordre d'enseignement, ce qui ne vient pas du cœur ne va pas au cœur. Un maître qui récite des préceptes, qui parle du devoir sans conviction, sans chaleur, fait bien pis que perdre sa peine, il est en faute: un cours de morale régulier, mais froid, banal et sec, n'enseigne pas la morale, parce qu'il ne la fait pas aimer. Le plus simple récit où l'enfant pourra surprendre un accent de gravité, un seul mot sincère, vaut mieux qu'une longue suite de leçons machinales.

D'autre part, — et il est à peine besoin de formuler cette prescription, — le maître devra éviter comme une mauvaise action tout ce qui, dans son langage ou dans son attitude, blesserait les croyances religieuses des enfants confiés à ses soins, tout ce qui porterait le trouble dans leur esprit, tout ce qui trahirait de sa part envers une opinion quelconque un manque de respect ou de réserve.

La seule obligation à laquelle il soit tenu, — et elle est compatible avec le respect de toutes les croyances, — c'est de surveiller d'une façon pratique et paternelle le développement moral de ses élèves avec la même sollicitude qu'il met à suivre leurs progrès scolaires : il ne doit pas se croire quitte envers aucun d'eux s'il n'a fait autant pour l'éducation du caractère que pour celle de l'intelligence. A ce prix seulement, l'instituteur aura mérité le titre d'*éducateur*, et l'instruction primaire le nom d'*éducation libérale*.

2° *Programme*. — Voir les tableaux ci-après.

	SECTION ENFANTINE DE 5 A 7 ANS	COURS ÉLÉMENTAIRE DE 7 A 9 ANS	COURS MOYEN DE 9 A 11 ANS	COURS SUPÉRIEUR DE 11 A 13 ANS
Morale.	Causeries très simples mêlées à tous les exercices de la classe et de la récréation. Petites poésies expliquées et apprises par cœur. — Historiettes morales racontées et suivies de questions propres à en faire ressortir le sens et à vérifier si les enfants l'ont compris. — Petits chants. Soins particuliers de la maîtresse à l'égard des enfants chez lesquels elle a observé quelque défaut ou quelque vice naissant.	Entretiens familiers. Lectures avec explications (récits, exemples, préceptes, paraboles et fables). Enseignement par le cœur. Exercices pratiques tendant à mettre la morale en action dans la classe même : 1° Par l'observation individuelle des caractères (tenir compte des prédispositions des enfants pour corriger leurs défauts avec douceur ou développer leurs qualités) ; 2° Par l'application intelligente de la discipline scolaire comme moyen d'éducation (distinguer soigneusement le manquement au devoir de la simple infraction au règlement, faire saisir le rapport de la faute à la punition, donner l'exemple dans le gouvernement de la classe d'un scrupuleux esprit d'équité, inspirer l'horreur de la délation, de la dissimulation, de l'hypocrisie ; mettre au-dessus de tout la franchise et la droiture, et pour cela ne jamais décourager le franc parler des enfants, leurs réclamations, leurs demandes, etc.) ; 3° Par l'appel incessant au sentiment et au jugement moral de l'enfant lui-même (faire souvent les élèves juges de leur propre conduite. Leur faire estimer surtout, chez eux et chez les autres, l'effet moral et intellectuel, savoir les laisser dire et les laisser faire, sauf à les amener ensuite à découvrir par eux-mêmes leurs erreurs ou leurs torts) ; 4° Par le redressement des notions grossières (préjugés et superstitions populaires, croyance aux sorciers, aux revenants, à l'influence de certains nombres, terreurs folles, etc.) ; 5° Par l'enseignement à tirer des faits observés par les enfants eux-mêmes : à l'occasion, leur faire sentir les tristes suites des vices dont ils ont parfois l'exemple sous les yeux, de l'ivrognerie, de la paresse, du désordre, de la	Entretiens, lectures avec explications, exercices pratiques. — Même mode et mêmes moyens d'enseignement que précédemment, avec un peu plus de méthode et de précision. — Coordonner les leçons et les lectures de manière à n'omettre aucun point important du programme ci-dessous : I *L'enfant dans la famille. Devoirs envers les parents et les grands-parents.* — Obéissance, respect, amour, reconnaissance. — Aider les parents dans leurs travaux ; les soulager dans leurs maladies ; venir à leur aide dans leurs vieux jours. *Devoirs des frères et sœurs.* — S'aimer les uns les autres : protection des plus âgés à l'égard des plus jeunes ; action de l'exemple. *Devoirs envers les serviteurs.* — Les traiter avec politesse, avec bonté. *L'enfant dans l'école.* — Assiduité, docilité, travail, convenance. — Devoirs envers l'instituteur. — Devoirs envers les camarades. *La patrie.* — La France, ses grandeurs et ses malheurs. — Devoirs envers la patrie et la société. II *Devoirs envers soi-même.* — Le corps, propreté, sobriété et tempérance, dangers de l'ivresse, gymnastique. *Les biens extérieurs.* — Economie ; éviter les dettes, funestes effets de la passion du jeu ; ne pas trop aimer l'argent et le gain ; prodigalité, avarice. Le travail (ne pas perdre de temps, obligation du travail pour tous les hommes, noblesse du travail manuel). *L'âme.* — Véracité et sincérité : ne jamais mentir. — Dignité personnelle, respect de soi-même. — Modestie : ne pas s'aveugler sur ses défauts.	Entretiens, lectures, exercices pratiques, comme dans les deux cours précédents. Celui-ci comprend de plus, en une série régulière de leçons dont le nombre et l'ordre pourront varier, un enseignement élémentaire de la morale en général et plus particulièrement de la *Morale sociale*, d'après le programme ci-après : 1° *La famille.* — Devoirs des parents et des enfants ; devoirs réciproques des maîtres et des serviteurs ; l'esprit de famille. 2° *La Société.* — Nécessité et bienfaits de la société. La justice, condition de toute société. La solidarité, la fraternité humaine. Applications et développements de l'idée de justice : respect de la vie et de la liberté humaine, respect de la propriété, respect de la parole donnée, respect de l'honneur et de la réputation d'autrui. La probité, l'équité, la loyauté, la délicatesse. Respect des opinions et des croyances. Applications et développements de l'idée de *charité* ou de *fraternité*. Ses divers degrés ; devoirs de bienveillance, de reconnaissance, de tolérance, de clémence, etc. Le dévouement, forme suprême de la charité : montrer qu'il peut trouver place dans la vie de tous les jours. 3° *La patrie.* Ce que l'homme doit à la patrie (l'obéissance aux lois, le service militaire, discipline, dévouement, fidélité au drapeau). — L'impôt (condamnation de toute fraude envers l'État). Le vote (il est moralement obligatoire, il doit être libre, consciencieux, désintéressé, éclairé. — Droits qui correspondent à ces devoirs : liberté individuelle, liberté de conscience, liberté du travail, liberté d'association. Garantie de la sécurité de la vie et des biens de tous. La souveraineté nationale. Explication de la devise républicaine : Liberté, Égalité, Fraternité.

	SECTION ENFANTINE DE 5 A 7 ANS	COURS ÉLÉMENTAIRE DE 7 A 9 ANS	COURS MOYEN DE 9 A 11 ANS	COURS SUPÉRIEUR DE 11 A 13 ANS
Morale...... (Suite.)		cruauté, des appétits brutaux, etc.; en leur inspirant autant de compassion pour les victimes du mal que d'horreur pour le mal lui-même; — procéder de même par voie d'exemples concrets et d'appels à l'expérience immédiate des enfants pour les initier aux émotions morales: les élever, par exemple, au sentiment d'admiration pour l'ordre universel et au sentiment religieux en leur faisant contempler quelques grandes scènes de la nature; au sentiment de la charité en leur signalant une misère à soulager, en leur donnant l'occasion d'un acte effectif de charité à accomplir avec discrétion; aux sentiments de la reconnaissance et de la sympathie par le récit d'un trait de courage, par la visite à un établissement de bienfaisance, etc.	Éviter l'orgueil, la vanité, la coquetterie, la frivolité. — Avoir honte de l'ignorance et de la paresse. — Courage dans le péril et dans le malheur; patience, esprit d'initiative. — Dangers de la colère. Traiter les animaux avec douceur; ne point les faire souffrir inutilement. — Loi Grammont, sociétés protectrices des animaux. *Devoirs envers les autres hommes.* — Justice et charité (ne faites pas à autrui ce que vous ne voudriez pas qu'on vous fît; faites aux autres ce que vous voudriez qu'ils vous fissent). — Ne porter atteinte ni à la vie, ni à la personne, ni aux biens, ni à la réputation d'autrui. — Bonté, fraternité. — Tolérance; respect de la croyance d'autrui. *N. B.* Dans tout ce cours, l'instituteur prend pour point de départ l'existence de la conscience, de la loi morale et de l'obligation. Il fait appel au sentiment et à l'idée du devoir, au sentiment et à l'idée de la responsabilité; il n'entreprend pas de les démontrer par exposé théorique. *Devoirs envers Dieu.* — L'instituteur n'est pas chargé de faire un cours *ex professo* sur la nature et les attributs de Dieu; l'enseignement qu'il doit donner à tous indistinctement se borne à deux points: D'abord, il leur apprend à ne pas prononcer légèrement le nom de Dieu, il associe étroitement dans leur esprit à l'idée de la Cause première et de l'Être parfait un sentiment de respect et de vénération; et il habitue chacun d'eux à environner du même respect cette notion de Dieu, alors même qu'elle se présenterait à lui sous des formes différentes de celles de sa propre religion. Ensuite, et sans s'occuper des prescriptions spéciales aux diverses communions, l'instituteur s'attache à faire comprendre et sentir à l'enfant que le premier hommage qu'il doit à la Divinité, c'est l'obéissance aux lois de Dieu telles que les lui révèlent sa conscience et sa raison.	Dans chacun de ces chapitres du cours de morale sociale, on fera remarquer à l'élève, sans entrer dans des discussions métaphysiques: 1° La différence entre le devoir et l'intérêt, même lorsqu'ils semblent se confondre, c'est-à-dire le caractère impératif et désintéressé du devoir; 2° La distinction entre la loi écrite et la loi morale: l'une fixe un maximum de prescriptions que la société impose à tous ses membres sous des peines déterminées; l'autre impose à chacun dans le secret de sa conscience un devoir que nul ne le contraint à remplir, mais auquel il ne peut faillir sans se sentir coupable envers lui-même et envers Dieu.

RÈGLEMENT SCOLAIRE MODÈLE

*pour servir à la rédaction des règlements départementaux
relatifs aux écoles publiques*

ARTICLE PREMIER. — Pour être admis dans une école primaire élémentaire, les enfants doivent avoir plus de six ans et moins de treize. En dehors de ces limites, ils ne pourront être reçus sans une autorisation spéciale de l'inspecteur d'académie.

Dans les communes qui n'ont ni école maternelle ni classe enfantine, l'âge d'admission est abaissé à cinq ans.

ART. 2. — Tout enfant dont l'admission est demandée doit présenter à l'instituteur un bulletin de naissance et un certificat médical constatant qu'il a été vacciné, ou qu'il a eu la petite vérole, et qu'il n'est pas atteint de maladies ou d'infirmités de nature à nuire à la santé des autres élèves [1].

L'instituteur doit conserver le bulletin de naissance tant que l'enfant fréquente l'école.

ART. 3. — La garde de la classe est commise à l'instituteur: il ne permettra pas qu'on la fasse servir à aucun usage étranger à sa destination, sans une autorisation spéciale du préfet [2].

ART. 4. — Pendant la durée de la classe, l'instituteur ne pourra, sous aucun prétexte, être distrait de ses fonctions professionnelles, ni s'occuper d'un travail étranger à ses devoirs scolaires.

ART. 5. — Les enfants ne pourront, sous aucun prétexte, être détournés de leurs études pendant la durée des classes.

Ils ne seront envoyés à l'église pour les catéchismes ou pour les exercices religieux qu'en dehors des heures de classe. L'instituteur n'est pas tenu de les y surveiller. Il n'est pas tenu davantage de les y conduire, sauf le cas prévu à l'article 9 ci-après.

Toutefois, pendant la semaine qui précède la première communion, l'instituteur autorisera les élèves à quitter l'école aux heures où les devoirs religieux les appellent à l'église.

---

1 Voir l'arrêté du 29 décembre 1888 sur la revaccination à partir de 10 ans.
2 Voir la circulaire aux préfets du 30 août 1882.

Art. 6. — Les classes dureront trois heures le matin et trois heures le soir; celle du matin commencera à 8 heures, et celle de l'après-midi à 1 heure. Toutefois, suivant les besoins des localités, les heures d'entrée et de sortie pourront être modifiées par l'inspecteur d'académie, sur la demande des autorités locales et l'avis de l'inspecteur primaire.

Art. 7. — Le conseil départemental peut, après avis du conseil municipal et sur la proposition de l'inspecteur d'académie, autoriser dans une commune ou dans une section de commune l'établissement d'écoles de demi temps.

En ce cas, le directeur de l'école divisera par cours les élèves en deux groupes. La classe aura lieu, pour l'un de ces groupes, le matin de 8 heures à 11 heures; pour l'autre, le soir de 1 heure à 4 heures.

Toutefois, les parents qui en feront la demande auront la faculté de faire suivre à leurs enfants les deux classes de la journée.

Art. 8. — Dans les écoles à plusieurs classes, les exercices seront coupés, pour les élèves du cours élémentaire et du cours moyen, par une récréation de cinq minutes qui aura lieu toutes les heures, et, pour les élèves du cours supérieur, par une seule récréation d'une durée de quinze minutes.

Art. 9. — Les enfants qui ne sont pas rendus à leur famille dans l'intervalle des classes demeurent sous la surveillance de l'instituteur, jusqu'à l'heure où ils quittent définitivement la maison d'école.

Art. 10. — Chacun des maîtres attachés à l'école est tenu, à tour de rôle, de surveiller les récréations et de garder les élèves qui ne sont pas rendus à leur famille dans l'intervalle des classes du matin et du soir, ainsi que ceux qui sont punis de la retenue après la classe [1].

La surveillance spéciale des élèves pensionnaires et de ceux qui assistent aux études rétribuées ne peut être imposée aux instituteurs adjoints; ils ne peuvent en être chargés que de leur plein gré, et suivant une entente à établir entre eux et le directeur de l'école, sous l'approbation de l'inspecteur primaire.

Art. 11. — Quand l'instituteur prendra la direction d'une

[1] Voir la circulaire aux préfets du 22 avril 1882.

école, il devra, de concert avec le maire ou son délégué, faire le récolement du mobilier scolaire, des livres de la bibliothèque, des archives scolaires, et, s'il y a lieu, de son mobilier personnel et de celui de ses adjoints.

Le procès-verbal de cette opération, signé par les deux parties, constituera l'instituteur responsable des objets désignés à l'inventaire.

En cas de changement de résidence, l'instituteur provoquera, avant son départ, un nouveau récolement du mobilier.

Art. 12. — Un tableau portant le prix de tous les objets que l'instituteur est autorisé à fournir aux élèves sera affiché dans l'école, après avoir été visé par l'inspecteur primaire.

Art. 13. — La classe sera blanchie ou lessivée tous les ans, et tenue dans un état constant de propreté et de salubrité. A cet effet, elle sera balayée et arrosée tous les jours ; l'air y sera fréquemment renouvelé ; même en hiver, les fenêtres seront ouvertes pendant l'intervalle des classes.

Art. 14. — Le français sera seul en usage dans l'école.

Art. 15. — Toute représentation théâtrale est interdite dans les écoles publiques.

Art. 16. — Aucun livre ni brochure, aucun imprimé ni manuscrit étrangers à l'enseignement, ne peuvent être introduits dans l'école sans l'autorisation écrite de l'inspecteur d'académie.

Art. 17. — Toute pétition, quête, souscription ou loterie y est également interdite.

Art. 18. — Il est interdit aux instituteurs et institutrices publics de recevoir des élèves ou de leurs parents aucune espèce de cadeaux.

Art. 19. — Les seules punitions dont l'instituteur puisse faire usage sont :

Les mauvais points ;

La réprimande ;

La privation partielle de la récréation ;

La retenue après la classe, sous la surveillance de l'instituteur ;

L'exclusion temporaire.

Cette dernière peine ne pourra dépasser trois jours. Avis en sera donné immédiatement par l'instituteur aux parents de l'enfant, aux autorités locales et à l'inspecteur primaire.

Une exclusion de plus longue durée ne pourra être prononcée que par l'inspecteur d'académie.

Art. 20. — Il est absolument interdit d'infliger aucun châtiment corporel.

Il est également interdit aux instituteurs et institutrices de tutoyer leurs élèves.

Art. 21. — Les jours de congés extraordinaires sont :

Une semaine à l'occasion des fêtes de Pâques ;

Le premier jour de l'an, ou le lendemain, si ce jour est un dimanche ou un jeudi ;

Le lundi de la Pentecôte ;

Le lendemain de la Toussaint, le matin seulement ;

Les jours de fêtes patronales ;

Le jour de la fête nationale.

Art. 22. — L'époque et la durée des vacances seront fixées, chaque année, par le préfet, en conseil départemental [1].

Art. 23. — L'instituteur ne pourra ni intervertir les jours de classe, ni s'absenter sans y avoir été autorisé par l'inspecteur primaire, et sans avoir donné avis de cette autorisation aux autorités locales.

Si l'absence doit durer plus de trois jours, l'autorisation de l'inspecteur d'académie est nécessaire.

Un congé de plus de quinze jours ne peut être donné que par le préfet. Dans les circonstances graves et imprévues, l'instituteur pourra s'absenter, sans autre condition que de donner immédiatement avis de son absence aux autorités locales et à l'inspecteur primaire.

Art. 24. — Les dispositions de ce règlement sont applicables aux écoles de filles.

Art. 25. — Le règlement modèle en date du 18 juillet 1882 est et demeure abrogé.

Art. 26. — Les autorités préposées par la loi à la surveillance de l'instruction primaire sont chargées de l'exécution du présent règlement.

---

1 Les grandes vacances ont une durée de six semaines dans les établissements publics d'enseignement primaire.

Toutefois, sur l'avis du conseil départemental, la durée des vacances peut être portée à huit semaines dans les écoles primaires supérieures, ainsi que dans les écoles primaires élémentaires où sont organisées des classes de vacances. (*Art. 1er de l'arrêté du 4 janvier 1894*).

50 PLANS DÉVELOPPÉS

PREMIÈRE PARTIE : N^{os} **1** A **25** :

Pédagogie théorique, Psychologie, Directions générales.

I

DE L'ÉDUCATION

Expliquer et apprécier en s'appuyant sur les Programmes
de l'Enseignement primaire, ces paroles de Platon :
« *Une bonne éducation doit procurer au corps toute la
force qu'il peut avoir, à l'âme toute la perfection dont
elle est susceptible.* »

PLAN

1. — Explication	Définition de l'éducation. Son but. Pensée de Platon qui la résume. Historique très succinct de l'éducation. Divisions de l'éducation.		
2. — Appréciation	*1° Pour l'éducation physique.*	*But.*	Fortifier le corps. Développer les facultés physiques.
		Moyens d'après les programmes.	Hygiène. Gymnastique. Jeux, promenades, etc. Travail manuel.

2. — Appréciation (suite).

2° Pour l'éducation intellectuelle.

But. — Développer les facultés intellectuelles (perception, attention, jugement, raisonnement, mémoire et imagination). Donner les connaissances indispensables à la vie.

Moyens d'après les programmes. — Langue française. Lecture et récitation. Mathématiques. Histoire et géographie. Sciences physiques et naturelles. Leçons de choses et agriculture. Chant, dessin et écriture.

3° Pour l'éducation morale.

But. — Former un homme moral par le développement des facultés morales. — Sensibilité (cœur); Volonté (caractère).

Moyens. — Leçons de morale. Matières tendant à donner l'éducation morale.

Résumé et Conclusion.

II

DE L'HYGIÈNE SCOLAIRE

Montrer comment les prescriptions de l'hygiène trouvent leur application dans la vie scolaire de l'enfant et permettent de placer celui-ci dans les conditions les moins défavorables à sa santé et à son développement physique.

PLAN

a. Un mot des conditions dans lesquelles l'enfant se trouve dans la famille.

b. La première éducation ne peut être exclusivement physique : nécessité de la vie scolaire.

1. — Hygiène de l'enfant en classe

a. En classe, propreté du corps et des vêtements : toilette quotidienne.

b. Repas réguliers : pas de mangeurs pendant les heures de classe.

c. Ampleur des vêtements : cols, cravates, etc.

d. Nature des vêtements selon la température.

2. — Hygiène de l'école

a. Exposition et installation du local.

b. Propreté des salles ; aération ; danger de l'air confiné.

c. Eclairage : direction de la lumière.

d. Température constante ; appareils de chauffage et combustible.

e. Mobilier scolaire.

f. Annexes de l'école : eau, cour, gymnase, préau, latrines.

3. — Hygiène dans ses rapports avec l'éducation

a. Besoin de mouvement de l'enfant : attitudes diverses pendant les heures de classe ; succession des exercices.

b. Education des sens, ouïe, vue.

c. Récréations : jeux, gymnastique, marches, promenades, excursions.

4. — Hygiène médicale

a. Vaccination.

b. Attitudes vicieuses ; déformations, myopie, débilité.

c. Epidémies : moyens préventifs.

III

BUT PRINCIPAL DE L'ENSEIGNEMENT

Développez et commentez le principe de Pestalozzi : « *Le but principal de l'enseignement n'est point de faire acquérir à l'enfant des connaissances et des talents ; c'est d'accroître les forces de l'intelligence.* »

PLAN

1. — Objet propre de l'enseignement primaire

L'enseignement primaire n'est pas un enseignement professionnel, il doit, par sa nature, ses programmes, ses méthodes, faire acquéri des connaissances positives, indispensables, mais surtout préparer le jeu harmonique des facultés ; mettre celles-ci à même de se développer, de devenir plus puissantes et plus productives.

2. — Développement du principe de Pestalozzi

a. Travailler à *instruire* l'enfant, mais surtout à l'*élever*, à façonner chez lui ce qui un jour fera l'homme.

b. Tendre moins à obtenir beaucoup de l'enfant qu'à le préparer à donner beaucoup.

c. Faire passer avant le *savoir*, si utile qu'il soit, le *jugement*, plus utile encore.

d. Exciter l'imagination pour la rendre vive, exercer la mémoire, qui doit rester prompte et tenace, faire l'éducation de l'esprit en faisant contracter de bonnes habitudes à ses facultés.

3. — Caractère de la méthode

a. Faire appel à la raison de l'enfant, mais sans la susciter prématurément.

b. Développer le bon sens par l'exercice du raisonnement et le sens moral par la culture de tous les sentiments honnêtes et des instincts élevés.

c. Aider l'intelligence à réfléchir au fur et à mesure que la conception personnelle suit l'évolution de l'individu.

d. Ne se servir de sa mémoire qu'après s'être assuré que l'enseignement a pénétré jusqu'à son intelligence. Pas de formules abstraites.

e. Dégager des faits confus, qui paralysent l'essor intellectuel, les faits caractéristiques qui éclairent l'intelligence.

IV

ENSEIGNER LE MOINS POSSIBLE

Herbert Spencer a dit : « *Il faut enseigner le moins possible et faire découvrir le plus possible.* » Que pensez-vous de ce précepte ? Dans quelle mesure peut-il être appliqué à l'école primaire.

PLAN

1. — Signification du mot *enseigner*. Ce que c'est que *faire découvrir*. Que penser de ce précepte : Il définit sous une forme heureuse l'enseignement intuitif.

2. — Avantages

a. Soutient l'attention par le plaisir qui résulte de l'activité.

b. Provoque l'effort qui met l'enfant en possession de connaissances durables.

c. Développe les facultés intellectuelles par l'exercice de l'esprit

d. Entretient l'émulation.

e. Associe directement l'enfant à sa propre éducation.

f. Forme la conscience morale par la mise en jeu de la réflexion et du jugement.

3. — Méthode

a. Faire acquérir la science et non la livrer toute faite.

b. Arriver graduellement à la forme des idées abstraites.

c. Éviter la précipitation dans la marche des études : exercices pondérés.

d. Exposition interrompue des leçons et, autant que cela se peut, enseignement collectif.

e. Mettre les choses en avant, montrer, faire regarder, toucher, expérimenter.

f. Amener à un travail graduel bien dirigé et judicieusement contrôlé.

4. — Procédés

a. Mettre l'élève en présence des textes et faire déduire le principe ou la règle.

b. Employer les appareils démonstratifs, les gravures, cartes, dessins, tableaux noirs.

c. Exposition sous forme visible, saisissable et sensible.

d. Préparation sérieuse des leçons.

e. Idées principales de la leçon prises en note. Questionnaires. Comptes rendus.

V

DE LA MÉMOIRE

1° Des exercices propres à la cultiver.
2° Dans quelles limites et pour quelles fins doit être cultivée la mémoire ?

PLAN

PREMIÈRE PARTIE

1. — Étude psychologique de la mémoire en général, et, en particulier, chez l'enfant ; caractères de la mémoire enfantine : vivacité, souplesse, mobilité.

2. — Nouveaux moyens de culture : c'est la faculté dont l'éducation est relativement le plus facile.

A. — *Acquisition de souvenirs ou art de graver les choses dans la mémoire*

1° Aucune connaissance ne peut être confiée à la mémoire si elle n'a été parfaitement comprise.

2° L'attention, l'effort véritable de l'esprit est la condition principale du souvenir ; d'où en principe : « Enseigner le moins possible et faire trouver le plus possible. »

3° Procéder avec ordre et choix dans l'enseignement ; nécessité de l'ordre ; d'un ordre naturel et logique, dans les opérations de l'esprit.

B. — *Règles pratiques*

Exercice : comme toutes les facultés intellectuelles et physiques, c'est en s'exerçant que la mémoire se développe.

Exercices de mémoire proprement dits : récitation littérale de morceaux choisis, de résumés de leçons, de règles de grammaire ou d'arithmétique, etc. — Révisions, récapitulations.

Enseignement par l'aspect : les yeux au secours de l'intelligence.

Enseignement attrayant, non pas au point de vue de n'exiger aucun effort d'attention (théorie fausse et dangereuse), mais de façon à soutenir cette attention même.

Intervention des élèves dans les leçons.

Les moyens mnémotechniques : ne pas les proscrire absolument, mais y recourir le moins possible.

DEUXIÈME PARTIE

1. — La culture de la mémoire ne saurait être l'unique but de l'éducation intellectuelle. Dangers d'une culture exclusive ou excessive de la mémoire : paralysie intellectuelle, connaissances inertes, — savoir du perroquet, — encombrant, inutile,

Ne jamais sacrifier le jugement à la mémoire, car il est une faculté bien plus importante et bien plus féconde.

2. — La mémoire et le jugement ; montrer qu'il n'y a pas d'antagonisme entre ces deux facultés ; que la culture de la mémoire n'est pas forcément en opposition avec celle de l'esprit, mais qu'elle est, au contraire, une condition indispensable pour que l'esprit ait toute sa sûreté et toute son étendue.

L'acquisition de connaissances est nécessaire au progrès des autres facultés ; deux conditions de ce progrès : 1° que l'esprit se soit bien assimilé ces premières connaissances ; 2° que les facultés soient toutes cultivées, car c'est leur développement normal, harmonique qui constitue l'équilibre parfait et par là même la valeur d'une intelligence.

3. — Rôle de la mémoire : ne pas enregistrer et conserver une foule de connaissances plus ou moins utilisables, mais en réunir la quantité nécessaire pour permettre l'exercice incessant et fécond des autres facultés, pour assurer le développement complet de l'intelligence.

4. — Résumé et conclusion.

VI

DE LA SENSIBILITÉ CHEZ L'ENFANT

Quel parti un instituteur peut-il en tirer pour le développement intellectuel et moral d'un élève? Quels moyens emploiera-t-il pour cultiver cette faculté et de quels excès devra-t-il se garder?

PLAN

1.—La sensibilité chez l'enfant. Purement physique d'abord, elle se transforme en émotions, puis en sentiments. { plaisir... affection. douleur.. haine. }

2.—Parti à en tirer pour le développement.

Intellectuel. Le sentiment du plaisir ou de la douleur provoque l'action. Les stimulants : éloges, récompenses. blâmes, privations.

Moral. Une émotion réelle provoque la sympathie, fait naître l'affection, porte à la charité, au dévouement. L'attrait du beau, du bien, crée les bonnes habitudes, forme le caractère.

3.—Moyens à employer.

Pour le développement intellectuel. Culture des sens. Enseignement par l'aspect, intuitif. Leçons de choses. — Exemples. Rendre l'école attrayante : installation matérielle, variété et choix des leçons, promenades scolaires : exemples. Système disciplinaire appliqué avec mesure : exemples.

Pour le développement moral. Donner libre cours aux émotions. Profiter habilement des incidents de la vie de l'école, pendant les récréations surtout, pour provoquer : la complaisance, la compassion, l'affection, le dévouement ; exemples. Le maître prêchera d'exemple ; dignité, justice, affection, base de l'éducation intellectuelle et morale. Inspirer le goût du beau, du bien ; exemples.

Dans le jeune âge, s'appuyer beaucoup sur la sensibilité, puis progressivement faire intervenir la raison.

4. — Excès à éviter.

Être sobre de récompenses et de punitions, afin de ne pas provoquer la vanité, l'orgueil ou le découragement.

Se défier des premières impressions : circonspection.

Imagination trop vive : exagération, la peur.

Éviter certaines lectures, certains récits.

VII

DES MOBILES EN ÉDUCATION ET EN INSTRUCTION

PLAN

1.—Définition.

On appelle mobiles les sentiments qui nous portent à agir. Les actes des enfants, déterminés bien plus souvent par des mobiles émanant de la sensibilité que par des motifs émanant de l'intelligence; d'où la nécessité de les connaître afin de s'en servir.

2. — Divisions générales.

Les mobiles appartiennent à trois groupes d'inclinations :

  a. personnelles.
  b. sociales.
  c. supérieures.

3. — Inclinations personnelles.

1° Plaisir et Douleur.
Le premier mobile qui se manifeste chez l'enfant, c'est l'attrait du plaisir et la crainte de la douleur, ce qui n'est qu'une forme de l'intérêt personnel. Le faire servir à l'éducation des enfants au moyen des récompenses et des punitions. Mobile très puissant, mais le moins noble.

2° Curiosité.
La curiosité est également un mobile qui se manifeste de très bonne heure (les pourquoi de l'enfant). La faire servir pour l'instruction, mais, comme elle est très mobile, la tenir en éveil ; de là, nécessité de rendre l'enseignement attrayant.

3° Amour-propre.
Ses effets : il pousse l'enfant à mériter sa propre estime et celle des autres, et pour cela à travailler, à s'améliorer... Les moyens de s'en servir sont nombreux.. mais il faut prendre garde de faire dégénérer l'amour-propre en orgueil.

4. — Inclinations sociales.

1° Émulation.
Conséquence de l'amour-propre. Elle pousse l'enfant à vouloir égaler et même surpasser ses condisciples : elle présente de grands avantages, car elle excite vivement les élèves au travail ; mais elle est d'un maniement délicat et présente des dangers ; elle peut dégénérer en jalousie, en orgueil. Les récompenses et les punitions employées avec tact donnent plus de prix à l'émulation.

2° Instinct d'imitation.
C'est aussi un mobile très puissant chez les enfants, on peut le constater partout (influence de l'exemple, des parents, du maître, des condisciples, de l'entourage, etc).

3° Affection.
L'enfant est surtout porté à imiter ceux qu'il aime ; l'affection est donc un puissant mobile ; d'autre part, elle rend l'obéissance plus facile et en quelque sorte volontaire...Lorsque l'affection existe entre le maître et les élèves, elle aide puissamment à diriger ceux-ci...

<table>
<tr><td rowspan="3" style="writing-mode: vertical-rl">— Inclinations supérieures. —</td><td>1° *Amour du Beau.*</td><td>Les inclinations supérieures sont les plus nobles, mais non les plus puissantes : l'une d'elles (amour du Beau) peut servir de mobile en éducation en développant le goût (écriture, dessin, chant, musique, etc.).</td></tr>
<tr><td>2° *Amour du Vrai.*</td><td>Il est indispensable d'amener toujours l'enfant à dire la vérité. S'il s'en écarte, il faut lui faire voir qu'on ne croit plus un enfant dès qu'il a menti, tandis qu'on accorde une grande confiance à celui qui ne ment pas. Ne pas permettre aux enfants de se dénoncer, mais amener les coupables à se faire connaître.</td></tr>
<tr><td>3° *Amour du Devoir.*</td><td>Un autre mobile, le plus noble, est l'amour du devoir ; ce devrait être le mobile par excellence ; il existe déjà chez l'enfant, mais il n'est pas d'abord très puissant ; y avoir recours quand même et le plus souvent possible de façon à le développer, en faisant graduellement appel à la raison... C'est ce mobile qui doit toujours guider l'homme dans la vie.</td></tr>
</table>

VIII

FORMATION DU CARACTÈRE

Rôle des habitudes. — Quelles habitudes doit-on faire contracter aux enfants des écoles ?

PLAN

I. — *Définition du caractère.* — Sens ordinaire de ce mot. Définition psychologique.

La formation du caractère correspond à :

1° L'éducation de la volonté ;

2° La création ou la modification des habitudes.

II. — *Éducation de la volonté.* — *a.* Se fait dans les premières années.

b. Le jeune âge est celui de l'obéissance.

c. L'enfant obéit d'abord par contrainte, par habitude, sans réflexion (obéissance passive et machinale).

d. Il obéit ensuite par raison, après réflexion (obéissance volontaire).

e. C'est à cette dernière obéissance qu'il faut l'amener.

f. Il doit être accoutumé à raisonner avant d'agir, à subordonner sa volonté à son intelligence, à comparer les motifs de tel ou tel acte.

g. Pour cela, il faut l'habituer à se conduire lui-même en liberté (récréations, promenades).

III. — *Création des habitudes.* — Leur rôle dans la formation du caractère.

a. L'habitude a une influence de premier ordre dans la formation du caractère.

b. Elle entrave la volonté en la prédisposant à agir dans un sens plutôt que dans un autre.

c. Elle facilite (bonne habitude) ou entrave (mauvaise habitude) l'accomplissement du devoir.

d. Tout acte accompli est un commencement d'habitude. Conséquence : punir dès la première faute et empêcher l'habitude de se former par la répétition.

e. L'habitude est le résultat de l'éducation.

f. Elle se forme à la maison, à l'école, plus tard dans la vie.

g. Vu leur importance, montrer la nécessité de faire contracter de bonnes habitudes et de corriger les mauvaises (transition).

h. Habitudes à faire contracter : propreté, ordre, économie, exactitude, respect, bonne conduite, serviabilité, politesse, sincérité et franchise.

IV. — *Conclusion.*

IX

DE LA POLITESSE ET DES BONNES MANIÈRES

Dites comment un instituteur peut arriver à former ses élèves à la politesse et aux bonnes manières et à leur faire prendre de bonnes habitudes sous ce rapport dans l'école et au dehors.

PLAN

1. — Définition. — La politesse est la pratique des usages sociaux, de sorte que, par nos manières et nos paroles, les autres soient contents d'eux-mêmes et de nous; elle doit être le reflet de nos sentiments intérieurs.

2. — Nécessité de l'enseigner et difficultés à vaincre.

a. L'éducation de l'enfant doit beaucoup se faire par l'instituteur et par l'école primaire, car l'action du milieu est parfois nuisible.

b. Les enfants sont disposés à suivre les mauvais exemples qu'ils ont sous les yeux.

c. Ils ne trouvent pas toujours dans leurs relations des manières à imiter.

d. Il faut donc leur apprendre à se bien tenir, à bien parler, à se taire à propos, et tâcher de leur donner du tact.

3. — Caractère que doit présenter cet enseignement.

a. C'est sur les sentiments qu'il faut agir pour former les enfants à la politesse.

b. Il faut développer dans leur cœur les bons sentiments et ne pas se contenter de leur donner un vernis de bon ton sous lequel se dissimulent de mauvais instincts.

c. La manière d'enseigner la politesse varie avec le pays, l'âge et le caractère des élèves.

<table>
<tr><td rowspan="7">4. — Moyens à employer dans l'école.</td><td>

a. L'enseignement théorique est indispensable, mais insuffisant.

b. L'exemple : les enfants sont imitateurs : il importe donc de ne leur donner que des exemples qu'ils puissent suivre.

c. Le maître doit combattre le mal à son début : réprimer les grossièretés de langage, la brutalité des manières, la rudesse, l'effronterie, la timidité, l'abus de la force et surtout l'abus de la moquerie.

d. Il doit étudier les caractères, afin de donner en connaissance de cause les conseils, les éloges, les réprimandes.

e. Il doit faire tous ses efforts pour donner à l'enfant des manières polies dans l'école.

f. Pour le dehors, il lui fera à l'occasion des observations sur sa conduite dans la rue, dans la famille, en public.

</td></tr>
</table>

X

DE LA DISSIMULATION

« Vous avez remarqué chez vos élèves un penchant à la dissimulation. Qu'avez-vous fait pour déraciner ce défaut et pour habituer vos élèves à la franchise ?... »

PLAN

Motifs de la dissimulation chez les enfants

a. Ils veulent paraître meilleurs qu'ils ne le sont réellement.

b. Ils recherchent la confiance du maître.

c. Leur paresse les porte à donner de fausses raisons pour être exemptés, soit d'une tâche dans la famille, soit d'un devoir à l'école.

d. Ils dissimulent : 1° dans la crainte d'une punition ; 2° pour obtenir de nous une chose qui leur plaît ; 3° pour tromper dans leurs projets ou dans leurs intentions.

e. Ils mentent en riant dans leurs relations avec leurs camarades.

f. Ils dissimulent dans la famille et exploitent ainsi, à leur profit, la faiblesse de leurs parents.

Moyens de la combattre

a. Développer le sentiment du vrai qui porte à croire que les autres disent vrai, à dire vrai soi-même. Inspirer l'horreur du mensonge, le montrer comme une chose indigne, qui avilit l'homme. Faire appel au sentiment de l'honneur, de la dignité personnelle. Respect de la parole donnée.

b. Faire comprendre qu'on pardonne volontiers une faute avouée ; la vérité finit toujours par se connaître, alors le menteur est confondu.

c. Louer l'enfant quand il dit la vérité sans détour, lui pardonner une faute quand il l'avoue, ou diminuer la punition, en faisant remarquer qu'on tient compte de l'aveu ; le priver de ce qui lui fait plaisir, s'il a voulu l'obtenir par la finesse.

d. Donner une marque de confiance, charger d'une petite mission celui qui se montre franc.

e. Ne jamais se servir d'aucune feinte pour obtenir quelque chose de l'enfant.

f. Ne jamais lui faire de menaces ou de promesses qu'il sait qu'on ne pourra tenir.

g. Ramener l'enfant à des sentiments modérés lorsqu'il est porté à l'exagération.

h. Observer dans les récréations la tendance que certains enfants ont à mentir vis-à-vis de leurs camarades, et tirer de ces observations tout le profit possible au point de vue de l'éducation de chacun d'eux.

XI

MANIÈRES DE GATER LES ENFANTS

J.-B. Say a dit : « *Il y a deux manières de gâter les enfants : la première en leur accordant tout ce qu'ils demandent ; la seconde, en les reprenant à tout propos.* » Développer, commenter cette pensée, et l'appliquer à l'école primaire.

PLAN

I

a. Faiblesse de certains parents qui ne savent rien refuser à leurs enfants : exemples.

b. Conséquences : tous les défauts de l'enfant s'épanouissent ; il devient un petit tyran qui ne connaît d'autre volonté que la sienne, d'autre loi que son caprice.

c. Il ne faut pas espérer qu'il se corrigera par l'effet de l'âge et de la raison. Puissance des habitudes.

d. Importance des bonnes habitudes, démontrée par des exemples et nécessité de la fermeté dans l'éducation.

II

a. Lorsqu'on reprend les enfants à tout propos, leur sensibilité s'émousse, et les reproches ne produisent plus d'effets.

b. Il arrive parfois que l'enfant perd confiance en lui-même et désespère de s'améliorer.

c. Les natures fières s'aigrissent, s'irritent, se révoltent ; les natures molles perdent toute leur volonté, tout ressort, et deviennent incapables d'initiative.

III

CONCLUSION : Régler la volonté de l'enfant et non la briser. A l'école, ne pas trop exiger de l'élève, fortifier sa volonté, en l'habituant graduellement à l'effort, en proportionnant la tâche à ses forces ; réprimander avec sobriété, punir lorsqu'il le faut, et exiger que les punitions données soient toujours faites.

XII

DE L'ÉMULATION

Ses avantages, ses inconvénients, ses dangers.

PLAN

1. — Avantages. — Est-elle bonne en soi ?

a. L'émulation, *bien réglée* et *disciplinée*, est un des plus puissants ressorts du travail et de la conduite chez les enfants.

b. Elle développe en eux le sentiment de l'amour-propre et de l'honneur, très fécond lorsqu'on en tire parti avec discernement.

c. Elle apporte à l'école la vie et l'entrain.

d. Elle est donc bonne en soi.

2. — Inconvénients et dangers de l'émulation
trop excitée ou mal dirigée.

a. Elle détourne l'attention des enfants de la pensée du devoir pour la porter sur la récompense.

b. Elle les amène à honorer, non le mérite, mais le succès ; non l'élève qui fait le plus d'efforts, mais celui qui a eu le plus de chance.

c. Elle surexcite la vanité chez les uns, humilie et décourage les autres.

d. Elle provoque la haine et la jalousie entre les camarades.

e. Elle donne à certains le goût immodéré des distinctions sociales.

f. Elle peut être la source du surmenage.

g. Elle peut s'appliquer au mal comme au bien.

3. — Comment l'instituteur peut user de ce ressort

a. Ne pas louer à tout propos le mieux doué, le plus heureux, mais celui qui fait le plus d'efforts (tout le monde n'atteint pas le premier rang).

b. Faire aimer aux enfants le travail, non le succès.

c. Les amener à trouver leur récompense dans la satisfaction du travail accompli et dans l'estime du monde.

d. Éviter l'abus des récompenses.

e. Avec les petits enfants, mettre en jeu l'affection des parents et celle du maître.

f. Avec les grands, faire appel au sentiment de l'honneur.

XIII

L'AMOUR-PROPRE CHEZ LES ENFANTS

Dans quelle mesure peut-on utiliser l'amour-propre chez les enfants : 1° pour l'instruction ; 2° pour l'éducation ?

PLAN

1. Définition. — L'amour-propre est un sentiment qui nous rend sensibles à l'éloge, au blâme, aux récompenses et aux punitions.

2. — Conditions générales

a. Il y a un lien très intime dans l'emploi de ce sentiment au profit de l'instruction et au profit de l'éducation.

b. Les moyens employés ont pour but d'inspirer à l'enfant le désir de s'améliorer, de mieux faire.

c. Craindre de trop pousser à l'orgueil, de trop humilier, d'inspirer l'envie et la jalousie.

<table>
<tr><td rowspan="6">3. — Moyens à
employer</td><td>*a.* Louer la bonne volonté, l'effort, non l'intelligence et le succès.</td></tr>
<tr><td>*b.* Montrer le succès comme un premier pas vers un but qu'il faut atteindre.</td></tr>
<tr><td>*c.* Comparer l'enfant avec lui-même, l'encourager.</td></tr>
<tr><td>*d.* Éviter la comparaison d'un à un, donner les bons en exemple à tous.</td></tr>
<tr><td>*e.* Dans les cas extrêmes, infliger la honte de rendre publics le mauvais travail, la mauvaise conduite.</td></tr>
<tr><td>*f.* Ne donner que des punitions ou des récompenses équitables.</td></tr>
</table>

4. Conclusion. — L'amour-propre est un instrument puissant, mais délicat à manier; n'en user qu'avec prudence, surtout au point de vue moral.

XIV

DU SYSTEME DISCIPLINAIRE

Punitions et récompenses. — Donnez votre manière de voir sur cette importante question. — Que pensez-vous des distributions de prix?

PLAN

1. **Moyens préventifs.** — 1° Installation et organisation matérielles;

2° **Maître.** — Qualités professionnelles: vigilance, tenue, dignité, etc.

3° **Ordre intérieur.** — Application de l'emploi du temps. — Préparation des classes. — Compositions hebdomadaires et attrait du certificat d'études. — Concours des parents. — Livrets de correspondance.

2. — Moyens immédiats.

Des récompenses

I — Avantages sur les punitions. — La récompense est un stimulant et fait naître l'émulation.

II. — •Nécessité. — Encouragement au bien. — Elles sont dans la nature même de l'homme.

III. — Sortes de récompenses : 1° récompenses morales : félicitations, marques de confiance ; 2° récompenses matérielles : bons points, images, tableau d'honneur ; 3° récompenses collectives : lectures, promenades.

Transition. — Faire aimer le bien pour le bien, le travail pour le travail.

Des punitions

I. — Nécessité. — Conséquences d'une mauvaise action. — Persévérance dans le bien, dans l'habitude du travail par crainte d'une punition.

II. — Sortes de punitions. — 1° Punitions morales, reproches, marque de mécontentement ; — 2° punitions matérielles : mauvaises notes, leçons et devoirs, retenues avec travail supplémentaire.

3. — Distributions solennelles des prix

Conditions que récompenses et punitions doivent réunir : justice, proportion, mesure.

Inconvénients. — Nécessité d'en donner à tous. — Effet moral détruit. — Jalousies excitées. — Ennuis pour le maître. — Longue échéance.

Avantages. — Généralement bien vues des parents. — Les enfants restent en classe jusqu'à la fin de l'année. — Les prix forment commencement de bibliothèque. — Choix des livres.

XV

L'ESPRIT D'OBSERVATION CHEZ LES ENFANTS

Par quels moyens pratiques l'enseignement primaire peut-il faire naître et développer l'esprit d'observation chez l'enfant ?

PLAN

1. — Définition et but

Amener l'enfant :

a. A bien voir, à comparer, à apprécier, à évaluer les choses.

b. A porter sur les événements dont il est témoin, ou sur ceux dont on lui parle, des appréciations justes.

c. A tirer de ses réflexions en toutes choses un jugement conforme au bon sens et à la logique.

2. — Méthode

a. Éveiller et soutenir la curiosité de l'enfant.

b. Lui faire contracter, pour tous les exercices scolaires, l'habitude de l'application.

c. Exciter l'intérêt, captiver l'attention en faisant appel aux sens (enseignement par l'aspect).

d. Développer l'esprit d'analyse, d'examen des détails.

e. Remonter aux causes et arriver à déduire les conséquences ; faire trouver le pourquoi et le comment des choses.

f. Faire judicieusement appel aux choses vues pour amener l'enfant à acquérir de nouvelles connaissances et développer sa mémoire imaginative.

g. Faire constater, ou les conséquences funestes, ou le profit moral qui découle de la conduite dans les actes de la vie.

3. — **Moyens et procédés**

a. Enseignement aussi concret que possible de toutes les matières du programme.

b. Organisation et emploi du musée scolaire.

c. Explications de mots : étymologie, dérivés, composés.

d. Dessin d'après les objets : proportionnalité, rapport entre le tout et chacune des parties.

e. Questionnaires et comptes-rendus.

f. Appréciation à vue et à distance des longueurs, de l'étendue, du volume et de la valeur des choses.

g. Leçons aux champs : promenades et excursions scolaires.

h. Exercices d'analyse.

i. Travaux manuels.

XVI

DES EXERCICES D'OBSERVATION

PLAN

1. — L'observation en général
- *a.* Définition.
- *b.* Rôle important qu'elle joue dans l'étude des sciences et la recherche de la vérité.
- *c.* Obligation pour le maître de ne pas négliger un si puissant moyen de faire acquérir des connaissances à l'enfant.

2. — Deux moyens d'acquérir des connaissances
- *a.* Par l'enseignement direct: livre, parole du maître.
- *b.* Par ses observations personnelles: supériorité de ce procédé sur le premier; d'où nécessité d'introduire dans l'école des exercices d'observation.

3. — Ce qu'il faut entendre par exercices d'observation.

4. — Leur but
- *a.* Acquisition de connaissances: appréciation de la nature, de l'utilité et de l'usage des choses.
- *b.* Formation de l'esprit de l'enfant: classement des faits et des objets.
- *c.* Culture du jugement; l'éducation morale rendue plus facile par l'appréciation des qualités.

5. — Leur importance
- *a.* Règlent l'esprit d'observation qui rend les facultés aptes à donner la connaissance des choses
- *b.* Donnent satisfaction à l'activité de l'enfant: discipline, amour de l'école.
- *c.* Par le plaisir de la découverte, conduisent à de rapides progrès.
- *d.* Fixent les connaissances dans l'esprit.
- *e.* Servent efficacement au développement de la mémoire et du jugement.

6. — Qualités essentielles de l'observation: ordre, bonne direction, persévérance, prudence.

7. — Ce que doit être l'observation : 1° sincère; 2° exempte de préjugés.

8. — Comment l'instituteur peut développer l'esprit d'observation. Principaux exercices.	1° *En profitant des observations spontanées de l'enfant.*	*a.* Choses matérielles	*a.* Leçons de choses faites avec les objets ou tout au moins des gravures qui les représentent: musées scolaires, tableaux d'histoire naturelle et autres. *b.* Sciences physiques et naturelles: expériences n'offrant aucun danger et auxquelles l'enfant prend une part active. *c.* Système métrique: appareils et mesures propres à faire comprendre la valeur relative des multiples et sous-multiples: poids, balances, monnaies. *d.* Géographie: faire observer les accidents physiques sur le terrain, sur la carte. *e.* Dessin et travaux manuels { Gymnastique du sens de la vue. Appréciation des rapports, des grandeurs. Sûreté de la main. Développement du goût. *f.* Excursions scolaires ayant un but déterminé.
	2° *Par des exercices d'observation proprement dite*	*b.* Événements	*a.* Morale: l'observation de la conduite d'autrui nous rend meilleurs. *b.* Histoire: l'étude raisonnée des évenements passés nous permet de prévoir l'avenir.

9. — Compte rendu oral ou écrit des observations faites.

10. — Conclusion
> *a.* L'observation est d'un puissant secours pour le maître.
> *b.* Si la méthode est longue, du moins elle est sûre et profitable.
> *c.* Elle permet d'apprendre seul beaucoup de choses.

XVII

DE L'INDUCTION ET DE LA DÉDUCTION

A quelles branches d'enseignement conviennent spécialement l'une et l'autre? — Donner des exemples.

PLAN

Entrée en matière. — La méthode, dit Descartes, est l'art de bien disposer nos pensées, ou pour découvrir la vérité quand nous l'ignorons, ou pour la prouver et l'enseigner aux autres quand nous la connaissons.

PREMIÈRE PARTIE. — Or, la méthode se présente sous un double aspect, revêt deux formes différentes (exemples).

Comme on le voit, dans le premier cas, on part de vérités particulières pour arriver à une vérité générale; de faits particuliers, on conclut à une loi.

Dans le second cas, d'une vérité d'intuition ou d'une vérité acquise, on tire des vérités particulières qui y sont contenues; d'une loi générale, on descend à des faits particuliers qui en sont la conséquence.

La première méthode est l'induction; la seconde est la déduction. D'où..., définition de l'induction et de la déduction.

Deuxième partie. — Ces deux routes nous conduisent également à la vérité sous certaines conditions... Si ces conditions ne sont pas remplies, nous pouvons aboutir à l'erreur, au lieu d'arriver à la vérité cherchée. Précautions à prendre.

Avantages de l'induction et de la déduction : développent la faculté du raisonnement, etc. L'une et l'autre se complètent. « Elles se prêtent un mutuel appui. » (J.-J. Rousseau.) Elles ont cependant leurs applications spéciales.

L'induction convient à certaines branches d'enseignement, surtout au début, notamment à la grammaire, aux sciences physiques et naturelles (exemples).

La déduction est le procédé spécial aux mathématiques (exemples).

Conclusion. — Si l'induction commence, la déduction couronne l'œuvre.

C'est par la déduction que nous finissons. Nous avons acquis une certaine somme de vérités par le raisonnement, soit inductif, soit déductif. Nous sommes alors en mesure de partir de principes certains et d'en tirer les nombreuses conséquences, de déduire, plutôt que d'induire.

XVIII

INSUFFISANCE DE L'INSTRUCTION POUR LES MAITRES

Montrer que l'instruction ne suffit pas pour faire un bon maître, et indiquer ce qu'il faut en outre à un instituteur.

PLAN

L'instruction ne suffit pas	*L'instituteur doit être en état*	*a.* De communiquer son savoir. *b.* D'élever, d'éduquer les enfants.
Ce qu'il doit être en outre	*1. Dans l'école: qualités professionnelles*	*a.* Amour des enfants. *b.* Perspicacité à reconnaître leurs caractères. *c.* Dévouement professionnel. *d.* Douceur et fermeté. *e.* Persévérance, esprit de suite et patience. *f.* Esprit d'observation et volonté de se perfectionner. *g.* Esprit de méthode. *h.* Facilité d'élocution. *i.* Autorité sur les élèves.
	2. Dans le service	*a.* Esprit de politesse. *b.* Respect de la hiérarchie. *c.* Exactitude, ponctualité, ordre.
	3. Comme homme	*a.* Habitude de sobriété, respect de soi-même. *b.* Bons exemples à montrer. *c.* Modèle pour les enfants et les parents.

XIX

RAPPORTS DE L'INSTITUTEUR

1° Avec les autorités locales; 2° avec ses collègues;
3° avec ses supérieurs.

PLAN

Rapports de l'Instituteur.

1. — Avec les autorités.

Nécessité de bons rapports.
- Pour le bien matériel de l'école.
- Pour la considération morale de l'instituteur.

Visites
- de déférence
  - Lors de l'entrée en fonctions de l'instituteur.
  - A l'occasion du renouvellement de l'année.
  - Lors de la nomination des autorités.
- concernant le service.
  - Toutes les fois que cela est nécessaire.

Conduite à observer.
- Dignité, tact, discrétion, franchise sans brusquerie; politesse et condescendance sans flatterie ni bassesse; prudence, surtout au point de vue des divisions locales; empressement à rendre service. Inspirer la confiance.

2. — Avec ses collègues.

Rapports assez fréquents pour entretenir les sentiments de bonne confraternité.

et suscités
- par l'estime réciproque,
- par le désir
  - De faciliter la tâche de chacun en échangeant ses vues personnelles touchant la pédagogie; d'obliger, qui se manifeste par des services qu'on n'aura même pas laissé solliciter.

Distraction agréable qui permet de ne pas trop se mêler au public.

Dans ces relations
- Apporter l'esprit de tolérance et d'affectueux dévouement qui donne au public une bonne impression. Éviter : 1° les médisances qui portent atteinte à la bonne réputation de nos collègues absents; 2° la familiarité qui engendre le mépris.

Rapports de l'Instituteur

3. — Avec ses supérieurs.

Directeur. — Confiance et respect; soumission; conseils à recevoir et à demander.
Il faut savoir obéir pour savoir commander.

Exécution ponctuelle des ordres donnés et même des désirs exprimés.

Inspecteur primaire.

Dans les visites d'inspection. — Témoigner à notre supérieur la déférence, le respect, qui sont les marques des égards dus au savoir et à l'autorité.
Accepter les éloges avec modestie et les conseils avec cet empressement qui dénote le désir de faire mieux.
Une visite d'inspection est un encouragement pour le maître et pour les élèves.

Dans les visites comme dans la correspondance. — Ne jamais se départir de la réserve, du respect que commande l'autorité.
Langage concis et clair; éviter les lieux communs.

Affaires personnelles. — Franchise sans familiarité.
Déférence sans flatterie ni obsession.

En général. — Demander volontiers conseil.
Ne voir en nos supérieurs que des tuteurs bienveillants, en qui nous devons avoir toute confiance.
Mériter leur estime en remplissant notre tâche avec zèle, dévouement; en évitant de nous grandir aux dépens de nos collègues.

Inspecteur d'Académie. — Rapports indirects, peu fréquents.
Soumission, déférence, confiance.

4. — Conclusion.

XX

RAPPORTS DE L'INSTITUTEUR AVEC LES FAMILLES DE SES ÉLÈVES

PLAN

Comme entrée en matière, il serait bon de prendre un jeune maître à son début dans une commune.

1. — Nécessité des rapports avec les familles

1° L'instituteur et les parents ont le même devoir, le même intérêt ;

2° Ils poursuivent le même but.

Pour les Enfants :

1° Les leçons sont mieux apprises à la maison ;

2° Les devoirs sont mieux faits ;

3° Les élèves travailleurs se trouvent récompensés ;

4° Les paresseux sont stimulés.

Pour le Maître :

1° Ces rapports favorisent la discipline ;

2° Ils rendent sa tâche plus facile ;

3° Ils procurent des résultats plus satisfaisants ;

4° Ils contribuent à faire aimer et respecter le maître.

2. — Effets de ces rapports

Pour les Parents :

1° Ils sont intéressés aux résultats de l'enseignement ;

3.-Moyens à employer pour les développer

Moyens indirects

1º Devoirs pratiques pouvant intéresser les parents;

2º Correction des cahiers. — Annotations;

3º Cahiers terminés rendus aux parents pour mettre *visa;*

4º Communication des cahiers mensuels;

5º Bulletins d'absence;

6º Carnets de devoirs et de leçons;

7º Livrets de correspondance.

Moyens directs

1º Visites aux parents en cas d'absolue nécessité;

2º Les provoquer (visites des parents au maître);

3º Inconvénients de chacun de ces moyens.

4.—Précautions à prendre dans les relations avec les parents

1º Mesure à garder dans l'éloge et le blâme : discrétion, prudence;

2º Insister sur la franchise et la fermeté, nécessaires au maître pour conserver son autorité;

3º Montrer que l'intervention trop fréquente de la famille nuit à l'autorité de l'instituteur.

5. — Résumé et conclusion.

XXI

DU RÔLE DE L'INSTITUTEUR STAGIAIRE A L'ÉCOLE PRIMAIRE

Comment, pendant la durée de son stage, peut-il se préparer efficacement à subir les épreuves du certificat d'aptitude ?

PLAN

I

Le stagiaire fait l'apprentissage de sa profession sous la direction du titulaire; il seconde celui-ci en tout ce qui concerne l'école. Définir son rôle, c'est faire connaître ses devoirs et tracer la ligne de conduite qu'il doit suivre.

1. — Devoirs professionnels
  - *a.* Confiance dans le titulaire.
  - *b.* Dévouement au maître et à l'école.
  - *c.* Zèle dans l'exercice de ses fonctions.
  - *d.* Bonnes relations avec le directeur, politesse, modestie, obligeance.

2. — Conduite au dehors
  - *a.* Bonne tenue.
  - *b.* Conduite réglée.
  - *c.* Prudence dans les liaisons.
  - *d.* Discrétion et réserve dans les paroles.

II

- *a.* Préparation quotidienne de la classe.
- *b.* Conseils et direction du maître.
- *c.* Lecture approfondie de bons ouvrages de pédagogie et de journaux d'enseignement. Notes et résumés.
- *d.* Conférences pédagogiques.
- *e.* Rédactions préparatoires.

XXII

« QUICONQUE ENTREPREND UNE ÉDUCATION DOIT COMMENCER PAR ACHEVER LA SIENNE ».

Développer cette pensée en l'appliquant à l'école primaire.

PLAN

1. — **But de l'éducation.** — Son importance.

2. — **Qualités nécessaires à l'éducateur**
a. Influence de l'exemple; mettre ses actes en rapport avec ses préceptes.
b Vie privée et vie publique sans reproche.
c. Goût de la retraite et de l'étude.
d. Dignité sans raideur, bonté sans faiblesse.
e. Amour de l'enfance et de ses fonctions.
f. Connaissance de la nature humaine.
g. Savoir beaucoup et bien, pour enseigner peu.
h. Sentiment du devoir assez fort pour triompher de toutes les lassitudes, de tous les découragements.
Le maître n'acquerra toutes ces qualités que par des efforts soutenus; qu'en travaillant à se perfectionner sans cesse.

3. — **Moyens de se perfectionner**
a. Surveiller son langage, son caractère, ses manières, ses habitudes, ses relations.
b. Continuer à s'instruire.
c. Se dévouer exclusivement à ses devoirs professionnels.
d. Préparer sérieusement sa classe.
e. Lire de bonnes publications pédagogiques.
f. Profiter des conférences pour améliorer sa méthode et ses procédés d'enseignement.

XXIII

DE LA SÉVÉRITÉ

Expliquer et justifier ces paroles de Fénelon : « *Ne prenez jamais, sans une extrême nécessité, un air austère et impérieux qui fait trembler les enfants. Vous leur fermeriez le cœur et leur ôteriez la confiance sans laquelle il n'y a nul fruit à espérer de l'éducation.* »

PLAN

Conséquences d'une sévérité excessive en éducation

a. Les enfants sont d'ordinaire timides.

b. Un visage sévère, un ton sec, parfois brutal, n'admettant ni résistance, ni exception, les déconcertent, les découragent.

c. La *dureté* rend les enfants craintifs ou les aigrit.

d. Elle éloigne la confiance et l'affection.

e. La *crainte* porte à la dissimulation, à l'hypocrisie.

f. Chez les enfants timides, elle détruit la volonté.

g. Chez les autres, si elle brise parfois la résistance, elle porte aussi à la révolte plus qu'au repentir.

h. Elle dompte quelquefois les caractères, elle ne les forme pas.

Résultats obtenus par la douceur

a. La *douceur* appelle l'affection, le premier de tous les mobiles, en éducation, chez l'élève comme chez le maître.

b. L'affection rend l'obéissance plus facile, le travail plus agréable, et les leçons plus fructueuses.

c. Elle fait naître, chez l'enfant, la confiance, condition essentielle de tout progrès en éducation.

d. Elle provoque la franchise.

e. Elle ne brise pas la résistance, mais y fait renoncer.

f. La douceur gagne la volonté, au lieu de la vaincre.

g. Elle habitue l'enfant à se gouverner lui-même.

<table>
<tr><td>Conclusion</td><td>

En résumé, on peut dire avec M. Buisson :
« L'éducation ne se fait que par l'action lente et insinuante d'une douce persuasion. »
Fénelon a donc raison. Il faut :

a. Toujours se rappeler que les enfants ne sont que des enfants.

b. Être bienveillant pour tous, et compatissant pour les enfants mal doués.

c. Gagner le cœur de tous par une *bonté* sans *faiblesse.*

d. Se rappeler que le calme est une force, même et surtout avec les *naturels* qu'il faut dompter par la crainte.
</td></tr>
</table>

XXIV

DE L'EMPLOI DES LIVRES

Dans le cours élémentaire et dans la section enfantine

Certains instituteurs mettent, entre les mains de leurs élèves du cours élémentaire et même de la section enfantine, des ouvrages d'histoire, de géographie, de grammaire et d'arithmétique... D'autres instituteurs s'en abstiennent et se contentent de leur faire des leçons. Dites quel système vous préférez et donnez vos raisons ?

PLAN

L'enseignement oral apporte de la vie et de l'entrain, permet d'intéresser et d'émouvoir, facilite la tâche des élèves, rend la discipline plus facile.

I. — Dans le cours élémentaire, l'enseignement oral devient insuffisant ; il est avantageux de mettre entre les mains des élèves un ouvrage de grammaire, d'histoire et de géographie. — L'emploi du livre dans ce cours est justifié par les considérations suivantes :

a. Développe le goût de la lecture.

b. Invite l'enfant au travail personnel, au travail extra-scolaire.

c. Exerce la mémoire, faculté toujours précieuse.

d. Fixe les idées, les impressions, les pensées, etc.

e. Permet à l'enfant, même tout petit, de donner une forme à ses idées.

f. Intéresse l'enfant, frappe son imagination, développe son intelligence par des gravures.

g. Perfectionne sa connaissance de la lecture et de l'orthographie.

h. Permet de faire des exercices écrits : copie, dessin, devoirs, etc.

i. Donne à l'enfant un rôle moins passif que dans l'enseignement purement oral.

j. Facilite la tâche du maître.

k. Permet l'emploi des moniteurs dans les écoles à un seul maître.

l. Facilite les révisions.

m. Permet aux élèves de revoir ce qui leur a été expliqué : le livre est un aide-mémoire.

n. Procure un guide utile aux parents qui aident leurs enfants.

Raisons spéciales à chaque enseignement.

Grammaire.
a. Nécessité pour l'enfant d'étudier les règles par cœur.
b. Nécessité pour l'enfant d'avoir sous les yeux les modèles de conjugaisons.
c. Exercices tout préparés et gradués.

Histoire et Géographie.
a. Définitions, petits résumés, etc., qu'il est bon de confier à la mémoire.
b. Cartes, gravures à mettre sous les yeux de l'enfant.

Arithmétique.
Plusieurs maîtres emploient aussi des ouvrages d'arithmétique, mais la nécessité s'en fait moins sentir.

Considération générale. — Apporter dans le choix des ouvrages beaucoup de discernement.

II. -- Dans la section enfantine ou cours préparatoire, l'enseignement sera purement oral.

XXV

DES BIBLIOTHÈQUES SCOLAIRES

PLAN

But — Propager le goût de la lecture parmi les enfants et les familles en mettant gratuitement à leur disposition un choix de bons ouvrages.

Utilité

Pour les élèves.

a. Elles procurent aux enfants une distraction agréable.

b. Elles contribuent au développement de leurs facultés intellectuelles et morales, surtout de l'imagination.

c. Elles augmentent les connaissances générales.

Pour les adultes.

a. Elles complètent les connaissances.

b. Elles donnent à l'esprit un aliment sain, agréable et utile.

c. Elles répandent dans les masses les vérités moralisatrices.

d. Elles favorisent la vie de famille en retenant au foyer le père et les enfants.

e. Elles sont une ressource pour les maîtres eux-mêmes.

Choix des ouvrages.

a. Tenir compte du goût des populations, de leurs besoins, de leurs différentes professions.

b. Les livres attrayants, les romans moraux ou patriotiques seront les plus nombreux.

c. Compléter par des ouvrages plus complets d'histoire, de géographie, de littérature, d'agriculture, d'industrie, l'enseignement de l'école.

d. Écarter les ouvrages contraires à l'esprit moderne.

Ressources.
- *a.* Faire appel aux municipalités.
- *b.* Organiser des souscriptions.
- *c.* S'adresser au Ministère.
- *d.* Etablir dans l'école le « Sou des Bibliothèques scolaires ».

Fonctionnement et conservation des ouvrages.
- *a.* Diriger le choix des lectures.
- *b.* Fixer un jour et une heure pour la distribution des ouvrages.
- *c.* Les faire relier.
- *d.* Faire l'inventaire tous les ans.
- *e.* Ne pas les laisser trop longtemps entre les mains des élèves et constater l'état des ouvrages prêtés ou rendus.

DEUXIÈME PARTIE : Nᵒˢ 26 A 50

Pédagogie pratique

XXVI

DE L'ENSEIGNEMENT DE LA MORALE A L'ÉCOLE PRIMAIRE

Comment et dans quelle mesure peut être donné l'enseignement de la morale à l'école primaire ?

PLAN

1. — But.
- *a.* Former le cœur des élèves, leur caractère, leur conscience, leur jugement.
- *b.* Éveiller, développer en eux les bons sentiments.
- *c.* Leur faire connaître les devoirs qu'ils auront à remplir dans le courant de leur vie.

2. — Méthode et procédés.

1° **Cours élémentaire.** — Peu de leçons spéciales. Des entretiens familiers, des réflexions à propos de la lecture, de la récitation. Lectures morales.

2° **Cours moyen et supérieur.** — Leçons spéciales d'après les indications du programme.

a. Déduire de chaque leçon un court résumé, une règle, un précepte que l'on dictera sur le cahier-journal et qui sera appris par cœur.

b. Ne pas se contenter de l'exposé, mais recourir, chaque fois que le sujet le comporte, aux récits, aux lectures qui viennent pour ainsi dire corroborer la règle.

c. Emprunter des exemples à la vie quotidienne, profiter des incidents de la vie scolaire, mais le faire adroitement, discrètement, de façon à ne blesser personne, à ne donner lieu à aucun froissement.

d. Tenir à ce que les élèves se montrent polis, respectueux ; surveiller leur langage.

Que le maître prêche d'exemple, qu'à l'autorité de la parole il joigne la dignité dans les actes.

3. — Dans quelle mesure cet enseignement peut-il être donné ?

a. Faire de la morale un enseignement suivi, méthodique, sinon chaque jour, au moins trois fois par semaine.

b. Faire ressortir le côté moral des autres enseignements de l'école, principalement de la lecture, de la récitation, de l'histoire, sans trop empiéter sur le temps consacré à ces exercices.

c. Sentences morales, données comme modèles d'écriture.

d. Dictée du matin donnée comme résumé d'une leçon.

XXVII

DE L'ENSEIGNEMENT CIVIQUE A L'ÉCOLE PRIMAIRE

But de cet enseignement. — Montrer comment il se rattache à celui de l'histoire. — Méthode à suivre.

PLAN

1. — But.

Préparer et former le futur citoyen. Nécessité pour chacun de connaître les institutions de son pays, son organisation politique et administrative.

2. — L'histoire enseignée au point de vue civique.

a. Expliquer à ce point de vue, au cours des leçons, les mots qui peuvent éveiller une idée se rattachant à nos institutions.

b. Rapprocher, en les comparant, le passé du présent, toutes les fois que cela est possible.

c. Tirer de la leçon d'histoire tous les enseignements qu'elle comporte pour l'éducation du citoyen.

3. — Méthode et procédés.

Aller du connu à l'inconnu, du Conseil municipal au Conseil général et à la Chambre des députés ; du maire au préfet et au président de la République.

Cours élémentaire. — Pas de leçons spéciales. Des entretiens familiers à propos de la lecture, de la récitation, de la leçon d'histoire ou de géographie.

Cours moyen et supérieur. — Continuation des procédés suivis dans le cours élémentaire. Leçons spéciales pour étudier dans le détail l'organisation de la France et le fonctionnement des rouages administratifs. Petits devoirs écrits. — Courts résumés appris par cœur.

XXVIII

DU PATRIOTISME A L'ÉCOLE

Par l'instruction civique et l'histoire.

PLAN

I. — Le patriotisme est l'amour actif de la famille, du pays natal, de la patrie.

II. — Il consiste : 1° à obéir aux lois, à l'autorité ; 2° à participer aux charges communes ; 3° à sacrifier ses intérêts personnels et même sa vie aux intérêts généraux.

III. — Il est nécessaire pour : 1° assurer la prospérité du pays (patriotisme civil) ; 2° assurer l'intégrité du territoire (patriotisme militaire).

IV. — Les devoirs du patriotisme incombent à tous : 1° aux adultes, par l'accomplissement des devoirs professionnels, des devoirs envers la société, des devoirs envers l'État et du service militaire.

2° Aux enfants (éducation civique), par le respect et l'amour de la famille, de l'école, de la société ; par l'instruction et l'éducation qui feront d'eux de bons citoyens, par l'étude de tout ce qui concerne l'administration du pays.

V. — L'instruction civique fait connaître à chacun : les devoirs à remplir, les droits à exercer, la constitution du pays, le fonctionnement de l'administration, la part qu'il a dans les affaires publiques, la part de responsabilité qui lui incombe.

VI. — L'histoire nous rappelle : les misères et les souffrances de nos aïeux ; la transformation progressive du territoire national ; les grandes étapes de nos institutions ; les gloires et les revers du pays ; les biographies des grands hommes ; les actes de dévouement des héros...

VII. — Conclusion : l'école doit préparer les enfants à travailler à la grandeur de la patrie et à sacrifier leur vie pour elle le jour où elle serait menacée.

XXIX

DE LA LECTURE

I. — Pourquoi importe-t-il que les enfants sachent lire de bonne heure ?

II. — Montrez comment l'enseignement de la lecture peut contribuer au développement intellectuel de l'élève.

III. — Comment peut-on mener cet enseignement de front avec celui de l'orthographe ?

IV. — Donnez le plan d'une méthode de lecture telle que vous la concevez.

PLAN

I. — La lecture est la base de l'enseignement : c'est une connaissance instrumentale. L'élève qui sait lire peut être appliqué à des exercices variés ; il prend le goût de l'école.

II. — L'enseignement de la lecture bien dirigé habitue l'enfant à l'attention et à la réflexion. Il y a dans le mécanisme des combinaisons et l'intelligente gradation des exercices une logique dont son esprit subit l'heureuse influence. Son intelligence s'ouvre par les explications des mots, les petites leçons de choses et les causeries dont la leçon de lecture est l'occasion.

III. — On fera copier, puis écrire sous la dictée, les éléments et les combinaisons étudiés, des mots, de courtes phrases. La dictée est particulièrement recommandée. Insister sur l'étude des syllabes, qui seront dictées par séries : *ra, ro, ru, ar, or, ur, par, por, pur, pra, pro, pru.*

IV. — Plan d'une méthode de lecture.

1re Partie.
Sons et articulations monogrammes
> 1° Etude des lettres. Syllabes directes : *ra, ro, ru* ;
> 2° Syllabes inverses : *ar, or, ur* ;
> 3° Syllabes composées d'une voyelle précédée et suivie d'une consonne : *par, por, pur* ;

2e Partie.
Sons et articulations polygrammes
> 1° Etude des voyelles polygrammes (même combinaison que ci-dessus et dans le même ordre).
> 2° Etude des articulations polygrammes combinées :
> 1° Avec les voyelles monogrammes ;
> 2° Avec les voyelles polygrammes.

3e Partie.
> Equivalents ; diphthongues ; éléments irréguliers, prononciation de certaines lettres (*y* entre deux voyelles.)

XXX

DE LA LECTURE AU COURS PRÉPARATOIRE

Comparer l'ancienne et la nouvelle épellation. — Peut-on pour les consonnes, se borner à la simple indication de l'articulation ? — De la décomposition en lettres et en syllabes. — Rôle du tableau noir dans l'enseignement de la lecture.

PLAN

1. De la lecture au cours préparatoire
> Nécessité d'arriver rapidement à la lecture ; l'enfant qui sait lire peut être appliqué à des exercices variés ; un élève qui s'attarde en lecture est un élève dont l'instruction est souvent compromise.

2. — Comparer l'ancienne et la nouvelle épellation

a L'ancienne épellation, qui décompose les syllabes en lettres, n'est pas rationnelle ; elle donne aux consonnes des noms qui n'ont pas de rapport avec le son qu'elles ont dans la syllabe.

b. Difficulté très grande pour assembler les voyelles polygrammes, les articulations triples et les syllabes inverses.

c. On prétend qu'elle facilite l'étude de l'orthographe.

d. La nouvelle épellation ou de Port-Royal, qui décompose les syllabes en articulations et en sons, donne aux consonnes des noms plus rapprochés de leur valeur.

e. Elle est donc plus rationnelle et donne des résultats plus rapides.

f. Quand il faut apprendre à épeler en vue de l'orthographe, c'est l'affaire de quelques leçons.

3. — Peut-on, pour les consonnes, se borner à la simple indication de l'articulation ?

Cette méthode, dite phonique, est la plus rationnelle, mais il est bien difficile de figurer l'articulation sans le secours d'une voyelle. Cependant, à mesure que l'enfant comprend davantage, on peut rendre le son de l'*e* qui suit la consonne, de moins en moins sensible, jusqu'à l'élider tout à fait.

4. — De la décomposition en lettres et en syllabes

a. Ne pas décomposer les sons et les articulations simples représentés par plusieurs lettres : *ou*, *ph*, etc.

b. Décomposer les sons et les articulations composés *ui*, *ouin*, *bla*.

c. Cesser, dès que l'enfant peut se passer de ce secours, et syllaber.

d. Y revenir lorsqu'il est embarrassé.

5. — Rôle du tableau noir dans l'enseignement de la lecture

a. Se prête très bien à l'enseignement collectif.

b. Permet de varier les mots et les phrases.

c. Empêche l'enfant de lire de mémoire et sans attention.

d. L'intéresse à la leçon préparée en partie sous ses yeux.

e. Facilite l'étude de l'orthographe.

XXXI

DE L'ENSEIGNEMENT DE LA LECTURE
Aux trois cours d'une école primaire.

Ancienne et nouvelle épellation. — Avantages et inconvénients de chacune d'elles. — Quelle méthode employez-vous ? Pourquoi ? — Rôle des illustrations dans un livre de lecture.

PLAN

1. — Quand commence-t-on l'enseignement de la lecture ?

2. — Ancienne et nouvelle épellations.

Inconvénients de l'ancienne. — Difficultés qu'elle présente. — Impossibilité pour l'enfant de comprendre les lois de l'assemblage des articulations et des sons. — Anomalies : K, G, C, V.

Avantages de la nouvelle. — Elle est rapide, facile et rationnelle. Pourquoi ?

3. — Méthode et procédés.

Marche à suivre. — Etude de quelques lettres ; assemblage immédial des articulations et des voix connues. — Choix des consonnes à étudier d'abord. — Etude des articulations composées, des syllabes inverses, des diphthongues et, enfin, des irrégularités.

Faire marcher de front la lecture et l'écriture. — Avantages. — Dictées au tableau noir au début. — Qualités du livre. — Hauteur des caractères ; lisibilité. — Valeur et portée des leçons au point de vue intellectuel et moral. — Illustrations. — Avantages des gravures ; elles excitent l'intérêt, aident à comprendre le texte, développent l'esprit d'observation.

4. — La lecture comme moyen de développement intellectuel. — Explications à donner.

1° *Cours élémentaire et section enfantine.* — Explications courtes et questions simples. — Lire est l'important.

2° *Cours moyen.* — Mettre en relief l'idée générale ; explications sur le sens des mots.

3° *Cours supérieur.* — Faire comprendre la pensée de l'écrivain, étude des œuvres des grands auteurs.

Accent local et défauts de prononciation à combattre ;

Avantages de la lecture pour l'homme et pour l'enfant ;

Avantages des lectures faites par le maître ;

Choix judicieux des livres de la bibliothèque.

XXXII

DES EXERCICES DE LECTURE
Dans le cours moyen et dans le cours supérieur.

Comment doivent-ils être faits ? Quels services peut-on en attendre ?

PLAN

I. — Comment ces exercices doivent-ils être faits ?

Le programme officiel prescrit pour le cours moyen : « Lecture courante avec explications ; » pour le cours supérieur : « Lecture expressive ».

1. L'exercice de lecture doit être approprié à l'intelligence des élèves.

2. Il est plutôt court : quinze ou vingt lignes de texte suffisent ; il y a nécessité de ne pas accumuler les difficultés.

3. Le maître lit d'abord, d'un ton simple et naturel, le morceau qu'il a soigneusement examiné à l'avance.

4. Il dégage ensuite ou fait trouver les idées développées par l'auteur et passe à l'explication des expressions, des mots que l'enfant ne comprend pas.

5. Il évite les digressions inutiles, les développements exagérés ; il s'efforce d'être concis et clair ; il conserve à la lecture son vrai caractère.

6. Par des questions habilement posées, il fait jouer à ses élèves un rôle actif ; il s'en fait des collaborateurs plutôt que des auditeurs.

7. On aborde ensuite la lecture matérielle et individuelle. Les élèves lisent peu, mais bien ; la même phrase est répétée jusqu'à ce que le résultat obtenu soit satisfaisant.

8. Ponctuation, liaison, accent local, zézaiement, etc., autant de points qui réclament tous les soins de l'instituteur.

9. Par quelques interrogations dont il faut user sobrement au cours de l'exercice de lecture, on stimule les paresseux, les inattentifs.

10. En dernier lieu, le texte lu est résumé oralement, et on exprime, si cela est possible, en une phrase courte, l'enseignement qu'il contient.

11. Dans le cours supérieur, la méthode ne change pas; il n'y a qu'une nuance à observer; les explications revêtent un caractère plus élevé; elles se proposent, comme but, l'éveil et la culture du sens littéraire.

12. De plus, une part toute spéciale est faite à la lecture expressive. Que sera-t-elle? C'est au moins difficile à dire: en tous cas, pas plus un exercice de déclamation avec gestes pathétiques qu'une monotone litanie, où les phrases succèdent aux phrases au grand ennui de l'auditoire.

II. — QUELS SERVICES PEUT-ON EN ATTENDRE?

De la leçon de lecture ainsi faite on peut attendre des services immédiats:

1. Au point de vue matériel, la voix s'assouplit, l'élocution gagne en netteté et en élégance.

2. Au point de vue intellectuel, la lecture constitue une excellente culture générale des principales facultés; elle rend plus facile l'assimilation des autres matières du programme; elle est un précieux auxiliaire pour l'enseignement de l'orthographe, du style (exercices d'orthographe, de grammaire, d'analyse, de langage, à la suite de la leçon de lecture); elle développe le goût littéraire.

3. Au point de vue moral, les belles actions expliquées, commentées, qui sont allées au cœur, en passant par l'intelligence, affermissent et complètent les connaissances déjà acquises en morale; elles sont la semence qui produira l'honnête homme.

4. Enfin, résultat inestimable, la lecture ainsi comprise rend possibles et fructueuses les études à venir; elle prépare des lecteurs intelligents et assidus pour les bibliothèques scolaires.

XXXIII

DE L'ÉCRITURE

A quel moment doit commencer l'enseignement de l'écriture? Que pensez-vous de l'emploi de l'ardoise? Donnez votre avis sur les cahiers avec modèles préparés. — A quels cours conviennent-ils? Quelles sont les qualités d'une bonne méthode d'écriture? — Que pensez-vous des méthodes qui enseignent simultanément la lecture et l'écriture?

PLAN

1. — A quel mo-ment doit-on commencer l'enseignement de l'écriture?

a. Il faut occuper utilement les enfants.
b. Varier les exercices scolaires.
c. L'enseignement de l'écriture n'est pas au-dessus de la portée des tout jeunes enfants.
d. L'enfant est instinctivement porté à écrire.
e. L'écriture facilite l'enseignement de la lecture.

Conclusion. — Cet enseignement doit être donné dès l'entrée à l'école.

2. — Que pensez-vous de l'emploi de l'ardoise?

a. Proscrire complètement l'emploi de l'ardoise naturelle.
b. Restreindre l'emploi de l'ardoise factice au cours préparatoire, — l'emploi de l'ardoise rend la main lourde. — Se servir de cahiers à double réglure avec le crayon demi-tendre. — L'emploi de la plume a des inconvénients pour de jeunes enfants.

a. Le jeune enfant a la main peu sûre.

b. Elle a besoin d'être guidée.

c. L'enfant est imitateur ; profiter de ses dispositions.

d. L'instituteur ne dispose que d'un temps limité.

e. L'instituteur est parfois inhabile.

3. — Emploi de cahiers avec modèles préparés.

Inconvénients.
- *a* Ne se prêtent pas aux leçons collectives.
- *b.* Le même modèle amène la monotonie et fatigue l'enfant.

Conclusion.
- Cours élémentaire. — Emploi de cahiers avec modèles préparés, mais avec plusieurs modèles dans la page.
- Cours moyen. — Emploi facultatif.
- Cours supérieur. — Cahiers sans modèles.

4. — Qualités d'une bonne méthode d'écriture.

Qualités d'une bonne écriture. Lisible, élégante, expéditive, d'où netteté, régularité, simplicité.

a. Pente modérée.

b. Difficultés judicieusement graduées par un groupement naturel des lettres.

c. Variété dans les exercices.

d. Les premiers cahiers doivent avoir une écriture de taille moyenne.

e. Modèles contenant une pensée morale.

5. — Méthode simultanée de lecture et écriture.

a. Ces deux branches se prêtent un mutuel secours.

b. Il est naturel de passer de la lecture à l'écriture.

c. L'enfant y trouve de l'attrait.

d. Il faut l'habituer de bonne heure à lire ce qu'il écrit.

XXXIV

ENSEIGNEMENT DE L'ÉCRITURE

Tenue des cahiers

Un de vos collègues, qui débute dans l'enseignement, se plaint que ses élèves écrivent mal, sont malpropres et font peu de progrès. Sur son invitation et avec l'autorisation de son directeur, vous avez passé quelques instants dans sa classe, et vous avez constaté qu'il donne peu de soin à l'enseignement de l'écriture, que les devoirs sont généralement peu difficiles, que les rédactions et les problèmes ne sont pas régulièrement vus et corrigés. Donnez à ce jeune maître, sous forme de lettre, les conseils dont vous croyez qu'il a besoin.

PLAN

I. — Sentiments auxquels vous obéissez en adressant à votre collègue vos observations et vos conseils.

II. — Avantages d'une bonne écriture au point de vue du travail de l'élève et de la propreté des cahiers. La leçon d'écriture. — Soins à donner à l'exécution matérielle des devoirs.

III. — Importance des devoirs écrits. — Quelles conditions ils doivent remplir pour donner tout le profit possible. — Nécessité de la correction : quand et comment elle doit se faire.

IV. — Moyens d'émulation. — Insister sur ceux qu'on croit les plus efficaces.

V. — Conclusion.

XXXV

DES EXERCICES DE MÉMOIRE

Avantages qu'on peut en retirer. — Choix et explication des morceaux. — Procédés à suivre dans la récitation.

PLAN

1. — But
a. Fixer les connaissances acquises.
b. Donner à la mémoire la facilité et la fidélité.
c. Former le goût, faire connaître et aimer notre littérature.
d. Apprendre à s'exprimer convenablement et correctement.

2. — Avantages

Au point de vue intellectuel.
a. Ils augmentent les connaissances générales.
b. Ils contribuent à la connaissance de la langue.
c. Ils facilitent la lecture à haute voix.
d. Ils enrichissent le vocabulaire de l'élève.
e. Ils facilitent le travail de la composition française.

Au point de vue moral.
a. Ils forment le jugement.
b. Ils agissent sur le cœur, sur le caractère.

3. — Choix et explications des morceaux

Choix.
- *c.* Poésie pour les commençants.
- *b.* Poésie et prose pour les élèves plus avancés.

Les morceaux doivent être :
- *c.* Intéressants, gradués et appropriés au degré intellectuel des élèves.
- *d.* On doit varier les exercices : fables, récits, morceaux patriotiques, dialogues, etc.
- *e.* On doit varier les auteurs : fabulistes les plus connus, principaux écrivains.

Explications.
- *a.* Indiquer le but, le caractère principal et le ton général du morceau.
- *b.* Expliquer le sens des mots et des idées.
- *c.* Faire ressortir la moralité.
- *d.* Courte analyse littéraire pour le cours supérieur.
- *e.* Notice sur l'auteur.

4. — Procédés à suivre

Rôle du maître.
- *a.* Cours préparatoire : apprendre par l'audition.
- *b.* Dans les autres cours : lecture expressive de la leçon.
- *c.* La faire relire par un ou plusieurs élèves.

Rôle de l'élève.
- *a.* Ne pas marmotter à haute voix les mots et les phrases.
- *b.* Apprendre les idées en lisant lentement et correctement une, deux ou trois lignes seulement à la fois.

Révisions fréquentes.

XXXVI

L'ENSEIGNEMENT DU FRANÇAIS AU COURS ÉLÉMENTAIRE

PLAN

1º Ce que l'enfant sait en français quand il entre au cours élémentaire (A la classe enfantine, il a fait des exercices combinés de langage, de lecture et d'écriture, le préparant à l'orthographe, et des dictées de mots et de petites phrases).

2º Programme du cours élémentaire (Extrait des programmes annexés au règlement d'organisation pédagogique des écoles) :

1º Grammaire ;
2º Exercices oraux ;
3º Exercices de mémoire;
4º Exercices écrits ;
5º Exercices d'analyse.

3. — Grammaire.

a. Notions premières données oralement sur le nom (le nombre, le genre), l'adjectif, le pronom, le verbe (premiers éléments de la conjugaison).

b. Idée de la formation du pluriel et du féminin ; de l'accord de l'adjectif avec le nom, du verbe avec le sujet.

c. Idée de la proposition simple.

Méthode Les enfants sont amenés à trouver et à formuler eux-mêmes, les définitions et les règles à l'aide d'exemples écrits au tableau noir.

4. — Exercices oraux.

a. Questions et explications, notamment au cours de la leçon de lecture, ou de la correction des devoirs. Interrogations sur le sens, l'emploi, l'orthographe des mots du texte lu. Épellation des mots difficiles.

b. Reproduction orale de petites phrases lues et expliquées, puis de récits ou de fragments de récits faits par le maître.

5. — **Exercices de mémoire.** { Récitation de poésies d'un genre très simple. (Extension du vocabulaire, acquisition d'idées nouvelles, de tournures de phrases à imiter.)

6. — **Exercices écrits.** {
a. Dictées graduées d'orthographe usuelle et d'orthographe de règles.
b. Petits exercices grammaticaux de formes très variées.
c. Reproduction écrite (au tableau noir, sur l'ardoise, sur le cahier) de quelques phrases expliquées précédemment.
d. Composition de petites phrases avec ses éléments donnés.

7. — **Exercices d'analyse.** {
a. Analyse grammaticale (le plus souvent orale, quelquefois écrite).
b. Décomposition de la proposition en ses termes essentiels.

Conclusion. { Importance de l'enseignement du français. Son influence sur l'ensemble des études. Nécessité pour le maître de donner toujours l'exemple d'une langue correcte, de profiter de toutes les circonstances pour perfectionner le langage de ses élèves, combattre le patois, les défauts de prononciation ou d'accent local.

XXXVII

DE L'ANALYSE GRAMMATICALE
ET DE L'ANALYSE LOGIQUE A L'ÉCOLE PRIMAIRE

Procédés à employer dans les trois cours.

PLAN

Analyse grammaticale.

Définition.

Caractère et but.

    a. Étudie la nature et les rapports des mots.

    b. Sert à la déduction des règles de la grammaire et à leur application.

    c. Complète l'enseignement de la langue donné par la grammaire d'une façon synthétique.

    d. Permet de contrôler efficacement la valeur de l'enseignement grammatical et les connaissances acquises.

    e. Développe l'esprit d'observation.

Analyse logique.

Définition.

Caractère et but.

    a. Étudie la nature des propositions, leurs rapports, leur rôle dans la phrase ; justifie la ponctuation.

    b. Donne la correction au style en établissant sur des règles fixes la construction littéraire.

    c. Rend la lecture intelligente et, par là, facilite l'expression.

    d. Développe le jugement en donnant à chaque locution employée sa valeur réelle.

Procédés.

a. Commencer par l'analyse grammaticale; méthode d'investigation ; recherche des diverses espèces de mots avec exercices gradués suivant l'ordre des études grammaticales ; fonctions.

b. Chercher ensuite la nature des propositions dans la leçon de lecture, dans la dictée, dans le morceau de récitation.

c. Déduire les règles de grammaire, de construction et de composition dans les textes étudiés; synthèse des propositions et application à la rédaction des connaissances acquises.

d. Dans le cours élémentaire, les exercices seront oraux ou faits au tableau noir.

e. Dans les cours moyen et supérieur, nombreux exercices oraux; analyse écrite de temps en temps ; liste des mots de même nature d'un texte copié ou d'une dictée.

f. Analyse chiffrée ou avec signes conventionnels.

g. Remarques orthographiques à faire par écrit à la suite de la dictée.

XXXVIII

APPRENDRE AUX ENFANTS A S'EXPRIMER

De la nécessité d'apprendre aux enfants à s'exprimer convenablement et des moyens à employer pour y parvenir.

PLAN

1.— Définition. On s'exprime de vive voix ou par écrit.

2. — Nécessité.

1° *On juge souvent d'un homme par sa conversation ou sa correspondance. Aujourd'hui tout le monde a besoin*

   a. De défendre ses opinions.

   b. De donner des ordres, des explications, des conseils.

   c. D'écrire une lettre, de rédiger un rapport, etc.

   d. Le patron, le cultivateur, d'exprimer clairement ce qu'ils attendent de leurs employés.

   e. Le marchand, de priser sa marchandise, de bien fixer des conditions.

   f. L'employé, l'ouvrier, d'offrir leurs services, de rendre compte, etc.

2° *Souvent tout est à faire sous ce rapport.*

   a. Le patois règne, ou le langage est vulgaire.

   b. Les mères apprennent aux enfants à défigurer les mots.

   c. Le milieu où ils vivent est défavorable.

3. — Moyens.

a. Encourager l'élève par un langage affectueux, ne pas le décourager par la sévérité ou par les moqueries.

b. L'enfant ne parle pas faute d'idées, ou parle mal parce que ses idées sont incorrectes : éveiller l'esprit d'observation par des leçons de choses. — Dans toutes les matières, exiger des réponses complètes et correctes. — Lire ou raconter des histoires, des légendes, et les faire redire. — Faire expliquer des gravures. — Se servir des leçons de lecture ou de récitation. — Changer les vers en prose. — Bibliothèques scolaires.

c. Exercices fréquents de rédaction ou de lexicologie bien expliqués.

d. Donner l'exemple en n'employant qu'un langage correct.

e. Surveiller le langage dans les récréations, en bannir le patois, etc.

4. — Conclusion

a. Attention continuelle.

b. Tenir plus à la correction et à la précision qu'à l'abondance.

XXXIX

LA COMPOSITION FRANÇAISE

PLAN

I. — But de l'enseignement de la langue française. Parler et écrire correctement le français.

2. — Moyens à employer pour y arriver.

a. Exiger un langage correct des enfants dans leurs jeux, leurs entretiens, leurs réponses en classe.

b. Le maître s'exprimera lui-même dans un langage clair, précis, correct.

c. Emploi des leçons de récitation, de lecture.

d. Étude de la grammaire pour les cours élémentaire et moyen.

e. Faire naître le goût de la lecture.

f. Composition française ou exercices de rédaction.

3. — Cours pré-paratoire.

a. Exercices oraux de langage (historiettes, leçons de lecture, leçons de choses).

b. Construction de petites phrases (orales et écrites).

c. Exercices oraux et écrits d'invention et de vocabulaire.

4. — Cours élé-mentaire.

a. Continuation des exercices de construction et d'invention.

b. Résumé des leçons avec questionnaires.

c. Rédactions sur un sujet simple après canevas, expliqué par le maître.

d. Rédactions sur images.

e. De temps en temps copie ou dictée du corrigé fait en commun.

5. — Cours moyen.

a. Résumé de lectures, fables, récits.

b. Lettres.

c. Biographies.

d. Exercices de composition française avec préparation en commun du canevas.

e. Laisser trouver aux élèves le canevas et les idées.

6. Correction.

a. Chaque devoir est lu et corrigé par le maître au triple point de vue des idées, de la forme, de l'orthographe.

b. Correction en commun à l'aide du tableau noir.

c. Ne pas se contenter de mettre au bas du devoir les mots mal ou bien, ou simplement un chiffre.

d. A la correction, en présence des élèves, lire quelques-uns des meilleurs sujets.

XL

USAGE DU TABLEAU NOIR

De l'usage du tableau noir en général et du parti qu'on peut en tirer dans l'enseignement de l'orthographe.

PLAN

Avantages généraux de l'emploi du tableau noir.

a. Economise le temps en permettant l'enseignement collectif.
b. Facilite les explications.
c. Se prête à l'enseignement par l'aspect.
d. Fixe la parole du maître.
e. Excite l'émulation.
f. Donne satisfaction au besoin de mouvement chez les enfants.
g. Aide à vaincre la timidité de certains élèves.

Orthographe.

Cours préparatoire.

a. Mots tirés de la lecture, écrits par les élèves, puis épelés.
b. Exercices de grammaire très simples préparés par le maître pour être copiés et complétés par les enfants sur l'ardoise ou sur le cahier.
c. Ecriture d'éléments composés comme *gn*, *ch*, pour aider les élèves à écrire sur l'ardoise ou sur les cahiers des mots où entrent ces éléments.

Orthographe.

Cours élémentaire.

a. Mots nouveaux rencontrés dans la lecture ou dans les leçons orales, écrits par les élèves.

b. Exemples d'où l'on déduit la règle à étudier.

c. Dictée et correction.

1er *moyen.* — Copier à l'avance la dictée, la faire lire, la masquer, puis la reprendre pour la correction.

2e *moyen.* — Envoyer un élève faire la dictée au tableau noir pendant que les autres la prennent sur leurs cahiers. Dès qu'une phrase est écrite, la faire corriger, épeler, analyser en partie.

3e *moyen.* — Se servir du tableau, seulement après avoir donné la dictée et pour la corriger : c'est le maître qui l'écrit.

Cours moyen et cours supérieur

a. Exemples à l'appui d'une règle de grammaire.

b. Phrases pour l'analyse grammaticale et pour l'analyse logique.

c. Homonymes et familles de mots.

d. Mots présentant quelque difficulté orthographique tirés soit des leçons, soit des dictées orales.

XLI

DES LECTURES POUR LE MAITRE

Le programme du 27 juillet 1882 prescrit à l'article
« *Langue Française* ». *Des lectures par le maître deux
fois par semaine.* Montrez que vous comprenez l'importance de ces lectures, expliquez comment, selon
vous, elles doivent être faites.

PLAN

1. — But et importance.

a. Elles donnent aux enfants le goût de la lecture.

b. Varient utilement les exercices de l'école, reposent les élèves et favorisent la discipline.

c. Leur font contracter l'habitude de l'attention.

d. Étendent leur vocabulaire et le cercle de leurs idées.

e. Constituent d'excellents exercices de langage et préparent les élèves à la composition.

f. Initient les enfants aux beautés de la langue.

g. Développent le sentiment du beau sous toutes ses formes.

h. Elles contribuent au perfectionnement du maître.

2. — Moyens.

a. Choix des morceaux. — Il doit être approprié à l'âge des élèves (courtes historiettes, intéressantes et morales ; contes, lectures historiques et littéraires).

b. Importance des commentaires du maître.

c. Qualités matérielles de la lecture.

d. Reproduction orale par un ou plusieurs élèves.

e. Résumé écrit, s'il y a lieu.

XLII

DE L'USAGE DU TABLEAU NOIR POUR L'ENSEIGNEMENT DE LA GÉOGRAPHIE ET DE L'HISTOIRE

PLAN

1. — Avantages généraux de l'emploi du tableau noir. Voir Plan n° XL. — (Enseignement de l'orthographe).

2. — Géographie.
1° Figure des accidents géographiques ;
2° Etude des cartes en commençant par le plan de la classe. (Placer le tableau dans le sens horizontal, puis dans le sens vertical pour faire comprendre que le haut correspond au nord, etc.)
3° Indication des signes conventionnels.
4° Cartes relatives aux leçons plus claires que les cartes murales. — Employer les craies de différentes couleurs ;
5° Cartes muettes pour la récitation et les révisions ;
6° Révision de certaines leçons ;

3. — Histoire.
1° Sommaire ;
2° Dessins à l'appui des leçons ;
3° Noms de villes, d'hommes et dates importantes ;
4° Carte des lieux historiques ;
5° Cartes comparatives ;
6° Tableaux synoptiques, généalogiques et chronologiques ;
7° Résumés.

4. — Conclusion. Emploi fréquent du tableau noir.

XLIII

MARCHE SIMULTANÉE DES DEUX ENSEIGNEMENTS DE L'HISTOIRE ET DE LA GÉOGRAPHIE

Montrer comment les deux enseignements de l'histoire et de la géographie marchent simultanément et se prêtent une aide mutuelle.

PLAN

Rôle de la géographie dans l'enseignement de l'histoire :

a. Elle explique le caractère des peuples, leurs relations, leurs mœurs, leur civilisation, leur puissance, et, par conséquent, leur histoire.

b. Elle détermine la formation des nationalités, la fusion des peuples en un seul.

c. Une expédition ne peut se comprendre qu'avec une carte à l'appui.

d. La géographie explique, par la connaissance des lieux, un grand nombre de faits historiques.

e. Avec elle, la leçon d'histoire devient plus claire, plus saisissante et se grave plus facilement dans la mémoire.

Rôle de l'histoire dans l'enseignement de la géographie.

L'enseignement géographique est sec ; en rappelant succinctement et avec à-propos les faits historiques que peut évoquer la leçon de géographie, on rend cette dernière plus attrayante et plus fructueuse.

Conclusion.

Ces deux enseignements se complètent et se prêtent un mutuel appui. Tous deux aussi concourent au développement du sentiment patriotique : il faut les faire marcher de front.

Procédés.

a. Dans toute leçon d'histoire et dans chaque cours, indiquer sur la carte murale ou au tableau noir les lieux dont on parle en histoire.

b. En géographie, rappeler brièvement les faits historiques connus des élèves.

c. Dans les cours moyen et supérieur, accompagner les devoirs d'histoire de croquis ou cartes géographiques.

d. Faire assez souvent par écrit ou de vive voix des voyages qui relatent des notions géographiques et historiques.

e. Mettre les élèves devant la carte pour les interrogations et les révisions.

Écueils à éviter

Ne pas donner trop d'importance à l'auxiliaire; ne pas faire une leçon de géographie à propos de l'histoire et réciproquement.

XLIV

LES PROMENADES SCOLAIRES

Leur utilité. — Inconvénients pour les écoles mixtes. —
Moyens de les rendre intéressantes et fructueuses. —
Des comptes rendus par les élèves.

PLAN

A. — Utilité.

Ordre physique.

Pour la santé des élèves, surtout des cita-
dins. Marche, jeux, etc.
Pour la santé des maîtres.

Ordre moral et intellectuel.

I. — Elles contribuent à rendre l'école
attrayante.
II. — C'est la meilleure des leçons de choses ;
en effet :
a. Étude de la nature dans son développement.
b. Visites fructueuses de monuments, de
lieux historiques, — termes géographiques.
c. Visites fructueuses de fermes, de cul-
tures, etc.
d. Visites fructueuses d'établissements industriels.
e. L'école s'enrichit de collections rassemblées par les élèves.
III. — Fournissent l'occasion d'étudier les
caractères, d'inviter à la politesse.

B. — Inconvénients pour les écoles mixtes.

a. Nuls pour une classe peu nombreuse
où la surveillance est facile.
b. Sinon, laisser les petites filles travailler
sous la direction de la maîtresse de couture.
c. Ou promenades, le jeudi, en alternant
garçons et filles.

C. — Moyens de les rendre intéressantes et fructueuses.

a. Éviter d'aller jusqu'à la fatigue, — ne pas faire marcher en rangs.

b. Chants, jeux, etc.

c. Leçon exposée à l'avance sur ce qui fait l'objet de la promenade.

d. Les élèves prennent goût aux collections : insectes, plantes, minéraux.

e. Nécessité pour le maître de perfectionner son instruction pour répondre aux questions inattendues. Il répondra avec complaisance et les provoquera même.

D. — Comptes rendus par les élèves.

a. Au retour compte rendu, oral d'abord, puis écrit.

b. Les meilleures copies (œuvre personnelle des élèves) seront envoyées à M. l'Inspecteur primaire, et enrichiront le musée pédagogique.

c. Joindre, autant que possible, un graphique de la route suivie.

E. — Précautions à prendre.

Surveillance constante de l'instituteur pour éviter les accidents, les dégâts.

XLV

DE L'ENSEIGNEMENT PAR L'ASPECT

Les musées scolaires, leur utilité, manière de s'en servir.

PLAN

1. — De l'enseignement par l'aspect.

1. — Définition.
Enseignement par les choses et non par les mots.
C'est l'enseignement intuitif par excellence.

2. — Avantages.
a. Il permet de faire l'éducation des sens.
b. Il rend concret et palpable ce qui serait abstrait et vague ou indéterminé.
c. C'est le meilleur moyen pour étudier les sciences physiques et naturelles.

CE QU'ON ENTEND PAR MUSÉES SCOLAIRES

2. — Les musées scolaires.

Leur utilité.
a. Impossibilité matérielle de conduire l'enfant en présence de la nature.
b. Nécessité de réunir sous la main les objets nécessaires aux leçons.
c. Point de départ, auxiliaire obligé de toutes leçons de choses.

Moyens de l'organiser.
1. — Organisation. — a. Le musée doit être approprié à l'enseignement.
b. Matériaux qu'il faut se procurer, produits de la localité ou de la région, produits étrangers employés dans les industries locales ou les usages journaliers de la vie.
c. Moyens de se les procurer. Mise à contribution des parents, des industriels, des collègues; coopération de tous les élèves; promenades scolaires.

<table>
<tr><td rowspan="2" style="writing-mode:vertical-rl">2. — Les musées scolaires.</td><td>*Moyens de l'orga- niser.*</td><td>

II. — *Classement.* — Nécessité d'une classification suivant la destination, usages des flacons et des boîtes en carton, produits alimentaires, matières textiles, matériaux de construction, etc.

III. — *Installation.* — *a.* Pour ceux qui ont des fonds à leur disposition, achat d'une armoire vitrée et d'objets peu communs. — *b.* Sans dépense fixer soi-même les objets aux murs ou sur des planchettes.

</td></tr>
<tr><td>*Manière de s'en servir.*</td><td>

Nécessité d'un emploi méthodique. Méthode intuitive.

Montrer les objets, les faire toucher, les manier, les faire peser, etc. etc., faire participer les élèves aux expériences.

Procédé suivant la logique. Exemple pour l'industrie.

Montrer la matière première brute et les différentes phases de la fabrication.

Un mot des tableaux et des livres illustrés.

</td></tr>
</table>

XLVI

LA LEÇON DE CHOSES

PLAN

1. — Définition de la leçon de choses

> 1° Leçon qui consiste, un objet étant sous les yeux ou entre les mains des élèves, à leur en faire trouver : la forme, l'origine, les qualités, les usages, etc...;
> 2° Montrer, à propos de tout, l'objet dont il est question pour en donner une idée plus exacte, est un procédé intuitif et non une leçon de choses.

2. — Son but et son importance

> *a.* Elle fait l'éducation des sens.
> *b.* Elle développe chez les enfants : 1° l'esprit d'observation; 2° le jugement; 3° l'intelligence.
> *c.* Elle précise les notions vagues et fugitives et détruit certains préjugés.
> *d.* Elle fait acquérir à l'enfant de nouvelles connaissances.
> *e.* Elle satisfait sa curiosité, ravive son attention défaillante et maintient la discipline.
> *f.* Elle constitue un exercice oral de composition française.
> *g.* Elle met en jeu les facultés physiques des élèves.

3. — Ce que doit être une leçon de choses à l'école primaire.

Programme à suivre.

Il importe de tracer un programme pour établir un enchaînement dans les leçons, en se basant sur les saisons et les phénomènes remarqués.

Dans les écoles à plusieurs classes, le programme sera concentrique.

Points principaux du programme :
1° Objets qui nous entourent ;
2° Animaux ;
3° Végétaux ;
4° Minéraux ;
5° Physique et chimie ;
6° Arts utiles.

Règles générales à observer.

Il faut dans chaque leçon : 1° un but défini ; 2° une préparation sérieuse pour : *a.* éviter les superfluités, les banalités, les omissions, les digressions intempestives ; *b.* aller du connu à l'inconnu ; *c.* mettre de l'ordre dans l'étude des qualités des objets et des choses.

Méthode proprement dite.

a. Faire usage de la chose qui fait l'objet de la leçon, ou de sa représentation fidèle.

b. Faire appel aux connaissances, au jugement, à l'imagination des enfants.

c. Arriver, par des questions bien amenées, à faire trouver le plus possible et à enseigner le moins possible.

d. La leçon finie, la résumer de vive voix, par écrit parfois, à l'aide de points de repère.

e. Employer la méthode socratique avec le cours élémentaire et la méthode d'exposition interrompue avec les cours moyen et supérieur. (Dans ces deux cours, et surtout dans le dernier, la leçon consiste le plus souvent dans l'étude des sciences physiques et naturelles enseignées sous forme de leçons de choses.)

4. — Matériel nécessaire pour leçons de choses.

a. Musée scolaire, qui sera composé par le maître en collaboration avec ses élèves, au fur et à mesure des besoins nécessités par les leçons.

b. A défaut des choses, employer les tableaux d'histoire naturelle et les images.

c. Promenades scolaires faites avec les plus grands élèves (ne seront pas moins utiles que le musée).

XLVII

DE L'ENSEIGNEMENT DU CALCUL MENTAL

Son importance. — Procédés à employer dans les trois cours d'une école primaire.

PLAN

I. Ce qu'on entend par calcul mental. — Ce qui le caractérise. — Distinction entre le calcul oral et le calcul mental.

II. *Importance.* — *a.* Le calcul mental est un instrument de gymnastique intellectuelle ; il exerce l'attention, le raisonnement, la mémoire, l'esprit d'analyse.

b. Il donne à l'esprit plus de lucidité et de puissance.

c. Il peut être facilement rendu attrayant, stimule les élèves, facilite la discipline.

d. Il prépare au calcul écrit qu'il complète et dont il permet de vérifier rapidement les résultats.

e. Il est très utile dans la vie, car il permet de calculer avec facilité, sûreté et promptitude.

III. *Procédés.* — *Règles générales.* — *a.* Enseigner méthodiquement, suivre un programme, graduer les exercices.

b. Avoir pour but, moins d'enseigner à l'enfant beaucoup de procédés, que de le mettre à même d'en découvrir.

c. Recourir souvent au calcul mental dans les exercices d'arithmétique et consacrer chaque jour quelques minutes à une leçon spéciale de calcul mental.

d. Donner aux enfants les démonstrations des procédés les plus rapides.

1° *Cours élémentaire.* — *a.* Employer au début des objets concrets : bûchettes, fèves, jetons, etc.

b. Exercices généraux sur la numération, l'addition, la soustraction de nombres de un ou de deux chiffres ; sur la multiplication et la division par un chiffre.

c. Quelques exercices pratiques spéciaux à certains nombres.

d. Beaucoup de petits problèmes oraux, simples, pratiques ; application au système métrique.

2° *Cours moyen.* — *a.* Recourir de moins en moins à l'enseignement intuitif, si ce n'est pour le système métrique.

b. Calculer sur des nombres abstraits : exercices généraux sur l'addition et la soustraction des nombres de deux ou trois chiffres ; addition et soustraction combinées. Produit d'un nombre inférieur à 100, puis à 1,000 par un nombre inférieur à 10. Produits de nombres compris entre 10 et 20, de facteurs inférieurs à 100. Division par un chiffre, par deux chiffres.

c. Cas particuliers : multiplication par 11, 21, 50, 25, par 9, par 99, etc. Division par 10, 5, 50, 25, 125, etc.

d. Nombreux petits problèmes oraux, simples, pratiques, à deux opérations au plus. — Système métrique.

3° *Cours supérieur.* — *a.* Calculs sur des nombres abstraits, démonstrations théoriques de certains cas.

b. Exercices sur l'addition, la soustraction, alternées, combinées, de nombres de deux, trois, quatre chiffres. Produits de nombres inférieurs à 100, à 1,000 par des nombres de un et deux chiffres. Division par deux chiffres. — Carrés $(a + b)^2$, $(10 + 5)^2$, $(a - b)^2$, $(20 - 1)^2$. — Opérations simples sur des nombres fractionnaires.

c. Cas particuliers : multiplication, division par 0,25, 0,50, 0,75, etc. Multiplications par 39, 59, 51, 91, etc. — Exercices sur $5\ 0/0 = 1/20$; $20\ 0/0 = 1/5$, etc.

d. Le maître pourra donner quelques exemples pris parmi les exercices qu'il a faits dans sa classe.

XLVIII

DES INTERROGATIONS A L'ÉCOLE PRIMAIRE

PLAN

But.

a. De s'assurer à la fin d'une leçon que les élèves ont écouté, retenu et compris les principales données de la leçon.

b. De fixer les connaissances acquises et de les rendre moins fugitives.

c. De combler les lacunes.

d. De mettre en relief les principales idées d'une leçon, d'en faire ressortir l'enchaînement et de faire trouver les enseignements qu'elles comportent.

e. De mettre, au commencement d'une leçon, les élèves au courant de ce qui a précédé.

f. De repasser une partie du cours, de préparer à des examens plus sérieux, d'aguerrir l'esprit.

Nature.

a. Vives et imprévues s'il s'agit, au cours d'une leçon, de réveiller l'attention endormie.

b. Méthodiques et prévues (afin de provoquer le travail personnel de l'élève) s'il s'agit de révisions.

c. Courtes ou nettes (portant non sur une période entière ou sur l'objet de toute une leçon, mais sur des faits, des dates, des démonstrations, des idées déterminées); elles devront appeler une réponse claire et précise.

d. Elles devront s'adresser à l'intelligence de l'enfant autant qu'à sa mémoire, afin de l'habituer à penser et à exprimer ses idées.

e. Etre bienveillantes, encourageantes.

f. Eviter les questions banales, insignifiantes qui ne provoquent aucun effort de l'élève.

Nature.

(*suite*).

> *g*. Éviter les questions qui amènent des réponses toutes préparées et apprises par cœur et qui habituent les enfants à parler sans réflexion, à se payer de mots.
> *h*. Elles n'ont pas pour but de faire étalage de la science d'un maître, mais uniquement de stimuler et d'instruire l'élève.

Place.

> *a*. La leçon doit précéder l'interrogation.
> *b*. Cependant quelques questions sur la leçon précédente préparent les élèves à mieux comprendre ce qui va suivre.
> *c*. Elles sont utiles aussi au cours de la leçon pour stimuler les natures indolentes, s'assurer qu'on est compris et établir des points de repère.
> *d*. Elles ne doivent pas envahir toute la classe et se substituer à l'enseignement lui-même.

Variété.

> *a*. Elles doivent varier de forme suivant les sujets, on n'interroge pas de la même manière sur l'arithmétique, l'histoire ou la morale.
> *b*. Elles varient également suivant les âges et même selon les enfants.
> *c*. Elles sont un moyen de contrôle, car elles permettent de vérifier le savoir des enfants et d'assurer au maître que sa leçon est à leur portée.

Avantages.

> *a*. Elles sont un moyen d'éveiller les facultés, elles exercent le jugement et rendent l'enfant capable de s'instruire lui-même.
> *b*. Elles sont un procédé d'enseignement et de discipline, car elles font sortir les enfants du rôle passif qui ne convient pas à leur vive nature.

Conclusion. Savoir interroger, c'est savoir enseigner.

XLIX

DES RÉVISIONS

Importance des révisions dans l'enseignement. Quand et comment elles doivent se faire.

PLAN

1.— Définition. Les révisions embrassent plusieurs questions précédemment étudiées et formant un tout. Elles sont prévues, ont lieu à leur jour, à leur heure.

2. — But des révisions.

a. Donner aux notions acquises de la netteté, de la précision, faire saisir les rapports des choses, en montrer l'enchaînement.

b. Raviver et fixer le souvenir.

c. Combler les lacunes qu'ont pu produire les absences.

d. Permettre aux esprits lourds, aux natures paresseuses de se ressaisir et de suivre utilement leurs camarades mieux doués ou plus studieux.

3. — Quand convient-il de faire des révisions ?

Sur chaque matière d'enseignement :
Une révision par mois ;
Une révision trimestrielle.
Une révision générale en fin d'année.

4. — Comment elles doivent se faire.

Cours élémentaire.

a. Simples répétitions. Le maître s'assurera que les élèves savent ; il reviendra sur les explications précédemment données, fera en sorte qu'on comprenne et qu'on retienne.

b. Les devoirs de grammaire et de calcul doivent offrir une révision constante des principales difficultés.

Cours moyen et supérieur

Mettre en relief les faits importants, en marquer la suite, les grouper en tenant compte des analogies.

Dans les différents cours, procéder par interrogations. (Emploi de l'ardoise : procédé La Martinière). Devoirs écrits, (compositions).

L

DU CHOIX DES DEVOIRS A L'ÉCOLE PRIMAIRE

PLAN

1° Quelques mots sur l'enseignement oral et sur l'enseignement écrit;

2° Faire ressortir l'importance du choix des devoirs;

3° Règles générales.

1. — Entrée en matière.

a. Utilité de l'enseignement oral; ses inconvénients.

b. Nécessité de l'enseignement écrit.

c. On peut jusqu'à un certain point juger de la valeur d'une classe par le cahier-journal.

2. — Importance du choix des devoirs.

Pour les maîtres.

a. Facilite l'enseignement.

b. Empêche les retours en arrière quand il n'y a pas nécessité de le faire.

c. Permet de réaliser les programmes.

d. Développe l'esprit de méthode chez les jeunes maîtres.

e. Fait acquérir aux débutants le goût de l'enseignement.

f. Permet aux directeurs de constater l'aptitude pédagogique de leurs adjoints et de leur donner des conseils appropriés à la classe dont ils sont chargés.

g. Contribue dans une certaine mesure à l'accroissement des connaissances de l'instituteur.

h. Donne aux élèves une idée favorable de leur maître.

Pour les élèves.

a. Assure les progrès.

b. Rend plus agréable le séjour à l'école.

c. Évite le surmenage.

3. — Règles générales.

a. S'adresser avant tout à la réflexion et au jugement.

b. Faire concourir les devoirs à l'éducation morale et intellectuelle.

c. Ne les faire porter que sur des matières précédemment étudiées.

d. Devoirs pratiques, variés, intéressants, gradués, appropriés à la force des élèves, au milieu où ils vivent.

e. Devoirs plutôt courts que longs.

f. Ne se servir qu'avec discernement des journaux scolaires qui donnent des devoirs tout préparés.

g. Recueil de devoirs par le maître.

h. Recueil des meilleurs devoirs faits en classe, transcrits autant que possible sur un cahier spécial, sorte de cahier d'honneur de l'école.

i. Proscrire les tâches artificielles, tout ce qui occupe l'enfant sans l'instruire.

HUIT SUJETS TRAITÉS

Avec Notes, Observations et Remarques des Correcteurs

I

APPRÉCIER CETTE OPINION DE H. SPENCER :

« Il faut enseigner le moins possible et faire trouver le plus possible. »

Ce serait assigner à l'éducation intellectuelle un but singulièrement inexact que de s'imaginer qu'elle consiste seulement à meubler l'esprit de l'enfant d'une certaine quantité de connaissances appropriées à son âge et aux ressources de son intelligence Cela certes est indispensable, car aussi bien qu'il faut à l'ouvrier les outils nécessaires à son travail, il faut à l'enfant des matériaux sur lesquels puisse s'exercer l'activité de son esprit. Mais le résultat à atteindre consiste surtout à le mettre en mesure d'utiliser ces matériaux forcément incomplets, afin qu'il ait plus tard les moyens de les compléter et de les mettre à profit. En un mot, ce but est celui que Montaigne préconisait il y a trois siècles, quand il préférait une tête bien faite à une tête bien pleine, et quand il demandait que l'éducation intellectuelle se proposât surtout de former le jugement.

C'est une idée absolument analogue qu'a émise Herbert Spencer quand il a écrit cette phrase : « Il faut enseigner le moins possible et faire trouver le plus possible. » Il y a indiqué tout ensemble la fin vers laquelle doivent tendre l'éducation de l'intelligence et la méthode générale à suivre pour y parvenir.

Si nous mettons en présence les deux systèmes

Bien conduit.

Vous abusez des comparaisons : *aussi bien que, de même que*. Ces formules alourdissent votre style et le gâtent.

A. B.

Bien.

Juste et précis, mais un peu lourd comme style. Allégez vos phrases.

qui consistent, l'un à enseigner le plus possible, l'autre à faire trouver le plus possible, nous reconnaîtrons sans peine que le second a sur l'autre une incontestable supériorité, et qu'il est bien autrement fécond pour le développement de nos facultés intellectuelles et morales.

De même que pour donner au corps toute sa vigueur, il faut le soumettre à une gymnastique rationnelle et continue, et ne pas le laisser dans l'inaction si on veut lui conserver sa souplesse et sa force, de même il est indispensable que l'intelligence soit constamment tenue en éveil et qu'elle soit soumise à un exercice de tous les instants quand vient pour elle l'heure du travail. Si elle n'a pas à s'aiguiser sans cesse, si elle n'a à se livrer à aucun travail d'investigation, il en résulte pour elle l'énervement et l'indolence : sa vitalité s'affaiblit, elle devient de moins en moins capable de réflexion, et de plus en plus paresseuse et inhabile.

N'éveiller chez l'enfant aucun esprit de recherche et d'observation, se contenter de lui enseigner beaucoup et d'en faire ainsi un récipient pour les idées des autres, c'est l'encourager dans cette voie de l'indolence et de l'inactivité ; c'est enrichir son intelligence, mais non la cultiver ; c'est la sacrifier à la mémoire, ce n'est pas y mettre cette « honnête curiosité de s'enquérir de toutes choses » qui l'incite à la réflexion et à l'effort. D'un vase que nous avons rempli peut sortir seulement l'eau qui y a été versée ; mais d'une source que nous faisons jaillir il coule sans cesse de l'eau nouvelle.

Si, selon le proverbe, / bien qui vient aisément s'en va de même, / il en est de la science comme des richesses, quand l'esprit n'a fait que recevoir le produit de la recherche, les notions acquises se perdent plus aisément, et ce qu'il en reste demeure souvent à l'état inerte, sans qu'il soit possible de les appliquer avec fruit, puisque ces deux facultés essentielles : la puissance d'observer avec exactitude et de penser par l'habitude soi-même, n'ont été ni développées ni exercées.

Et pourtant pour le développement intellectuel comme pour la conduite dans la vie, il est indispensable que ces deux facultés soient cultivées. Quand l'homme est arrivé à l'âge adulte, quand il n'a plus sous la main les guides qui l'ont aidé jusque-là, il lui faut se diriger seul, faire sans relâche ses observations et en tirer les conclusions dont il aura besoin pour se conduire. Et le succès de ses actions dépendra, pour une large part, de la façon plus ou moins complète dont il aura observé et de la manière plus ou moins exacte dont il aura conclu.

De là, la nécessité d'apprendre à observer et à conclure, de développer l'observation et le jugement : et l'on n'atteint certainement pas ce résultat si l'on ne soumet pas de bonne heure l'intelligence à des exercices de recherche, si on lui enseigne beaucoup sans lui apprendre à travailler seule, si on ne l'habitue à trouver elle-même le plus possible.

Mais c'est surtout au point de vue de la culture intellectuelle et de l'acquisition des connaissances, que ce système porte les fruits les plus salutaires. Faire trouver beaucoup aux enfants, leur donner conscience de ce qu'ils peuvent faire, leur révèlent leur propre force, empêchent chez eux le découragement ou l'inertie. Il en résulte par cela même une excitation précieuse à mieux faire encore et à s'instruire chaque jour davantage : résultat capital, car ce que l'enfant pourra apprendre pendant le temps qu'il fréquentera l'école est bien peu en comparaison de ce qui lui restera à apprendre dans la vie. Ce que nous pouvons faire de mieux, c'est donc de lui montrer à s'instruire tout seul, de l'exercer à se passer de nous, à être attentif à tout ce qu'il voit autour de lui, à observer avec justesse, à raisonner avec méthode.

D'un autre côté, les connaissances qu'on a acquises soi-même ont une valeur supérieure à celle qu'on tient d'un maître. Les faits se gravent plus profondément dans la mémoire que par la lecture ou l'audition, à cause de l'activité préalable d'esprit que le succès implique, de la concentration de pensées qu'il rend nécessaire, de l'enthousiasme du triomphe qu'il entraîne après lui. Et, alors même que l'effort aboutirait à un échec, la tension des facultés fixe les souvenirs, quand une fois la solution a été donnée, mieux que ne le feraient des explications nombreuses. De plus, ces connaissances, qui ont dû être parfaitement comprises, car leur découverte suppose cette condition, sont entièrement assimilées et constituent pour l'intelligence un aliment profitable.

Du reste, l'éducation spontanée est celle de nos premiers ans, celle de la nature : l'enfant apprend beaucoup par lui-même : il se livre à une observation incessante, il touche à tout, il porte à sa bouche tout ce qu'il peut saisir, il est curieux à l'excès. Il y a donc lieu de seconder cette disposition à l'observation, et de la rendre aussi vive et aussi exacte que possible.

Enfin il faut habituer l'enfant à la spontanéité du travail, afin qu'il en acquière deux qualités précieuses : le courage dans l'attaque des difficultés et la persévérance même dans l'insuccès. Or, il est bien évident que le système d'éducation qui consiste à faire trouver beaucoup développe ces qualités, car il soumet l'intelligence à la recherche, à l'effort ; il nécessite une initiative soutenue, il habitue à ne se laisser jamais rebuter, à chercher toujours, et il nous prépare ainsi à prendre, plus tard, résolûment parti dans les diverses circonstances de la vie où le hasard et les événements nous conduisent.

Si l'éducation morale se propose de former des êtres capables de se diriger eux-mêmes, et non destinés à être gouvernés par les autres, on comprendra combien il importe d'accoutumer la jeunesse au travail, à la persévérance, à la spontanéité dans le choix de la direction à suivre pour sa conduite journalière.

En résumé, enseigner le plus possible, c'est enrichir l'intelligence de matériaux évidemment utiles, mais dont l'<u>utilisation</u> lui sera souvent difficile ou impossible. Tandis que faire trouver le plus possible, c'est la cultiver véritablement, c'est apprendre à l'élève à s'instruire lui-même ; c'est lui donner les moyens d'acquérir des connaissances nouvelles et profitables, avec le désir de le faire ; c'est exciter chez lui l'esprit d'initiative ; c'est lui livrer enfin les <u>deux secrets</u> de la science pratique de la vie : <u>d'un côté</u>, observer et conclure ; de l'autre, apporter en toute entreprise le courage et la ténacité.

L'intelligence de l'homme, quand on ne l'a pas développée suivant ces préceptes, risque fort de ressembler en plus d'une occasion à la terre qu'on aurait négligé de préparer et d'ameublir avant d'y déposer la semence d'où naîtra la moisson prochaine.

Il faut donc encourager et diriger le développement spontané de l'intelligence ; il faut faire de l'enfant un <u>chercheur</u> actif de faits et d'idées, l'habituer à <u>se livrer</u> lui-même aux recherches d'où découlent les conséquences qu'on veut lui enseigner ; en un mot, il faut lui faire trouver le plus possible.

II

DE LA MÉMOIRE

Son vrai rôle dans l'éducation; moyens de la développer sans nuire au jugement.

Il n'est pas besoin d'une longue démonstration pour prouver que la mémoire est l'une des plus importantes facultés de l'intelligence humaine. Puisque dans la p'upart de ses opérations l'esprit utilise les connaissances qu'il a déjà acquises, soit pour en acquérir de nouvelles, soit pour prendre une décision dans les diverses circonstances de la vie où l'individu peut être conduit, il est certain que ce travail sera d'autant plus fructueux que l'esprit aura à sa disposition un savoir plus étendu. Tout progrès, individuel ou général, serait totalement impossible, si l'homme n'avait le don de se rappeler ce qu'il a vu, fait ou pensé, si sa vie intellectuelle était uniquement bornée au présent, ce « point imperceptible placé entre ce qui n'est plus et ce qui n'est pas encore ». Enfin, chacun de nous a été à même de constater à tout instant les avantages d'une mémoire prompte, fidèle et tenace.

La culture de la mémoire fait donc nécessairement partie de l'éducation intellectuelle, et elle doit y tenir une place en rapport avec l'importance de cette faculté. Reconnaissons d'ailleurs que les moyens ne manquent pas pour la développer, et que c'est l'une de nos facultés dont l'éducation est relativement le plus facile.

Toutefois, comme elle n'est pas la plus féconde, comme elle est loin de constituer à elle seule toute la valeur de l'intelligence, il convient, avant de rechercher ces moyens et pour mieux les déterminer, de préciser nettement son vrai rôle dans l'éducation.

« Tout le monde, a dit La Bruyère, se plaint de sa mémoire et personne ne se plaint de son jugement. » Cette simple phrase marque la supériorité incontestable, reconnue par tous, du jugement sur la mémoire, et indique par suite que la culture de celle-ci ne doit en aucun cas être activée aux dépens de la culture du jugement.

C'est en s'appuyant sur les connaissances qu'il possède déjà, c'est en procédant du connu à l'inconnu que l'homme développe son intelligence et son savoir, ou se fixe une règle de conduite selon les circonstances dans lesquelles il est placé; par conséquent, plus il aura de matériaux à sa disposition, plus sa mémoire aura conservé un grand nombre de notions qui lui ont été données ou qu'il a acquises par lui-même, — plus alors toutes ses autres facultés pourront s'exercer utilement, plus il progressera sûrement et rapidement. Mais ce progrès ne se réalisera qu'à deux conditions : c'est que l'esprit se sera assimilé ces premières connaissances, qu'il les aura bien comprises, qu'elles n'auront rien d'obscur pour lui, qu'il sera ainsi en mesure de les utiliser avec fruit, d'en déduire toutes les applications qui peuvent en résulter. En second lieu, il importe que toutes les facultés soient développées en même temps, qu'aucune d'elles ne soit sacrifiée à d'autres ou ne reçoive des soins exagérés, car c'est leur développement normal, harmonique qui constitue l'équilibre parfait et par là même la valeur d'une intelligence.

La culture de la mémoire ne peut être l'unique but de l'éducation intellectuelle. Montaigne le disait déjà il y a trois siècles : « Mieux vaut une tête bien faite qu'une tête bien pleine », et depuis on a répété sans cesse avec lui : « Savoir par cœur n'est pas savoir. » Il faut avant tout mettre l'homme en état d'utiliser la science forcément incomplète et bien modeste dont son esprit s'enrichira pendant son enfance, afin

---

Notes marginales :

Elle l'indique simplement, mais elle ne la justifie pas.

Vos phrases sont toujours un peu lourdes : ne multipliez pas ainsi les incidentes; votre style deviendra plus vif et plus animé.

Bien.

Bien dit.

qu'il ait plus tard les moyens de la compléter et de la mettre à profit. A cette tâche la mémoire seule ne peut suffire. C'est avec raison, — quoique la comparaison soit un peu vieillie déjà et démodée, — qu'on a comparé l'esprit de l'enfant non à un vase qu'il s'agit de remplir et d'où peut alors sortir seulement l'eau qu'on y a versée, mais à une source que l'on doit faire jaillir afin qu'il en coule toujours de l'eau nouvelle.

Le rôle de la mémoire n'est donc pas d'enregistrer et de conserver une foule de connaissances plus ou moins inutilisables, mais d'en réunir la quantité nécessaire pour permettre l'exercice incessant et fécond des autres facultés, pour assurer le développement complet de l'intelligence. En lui donnant les soins qu'elle réclame, l'éducation ne lui sacrifiera jamais le jugement, qui est une faculté bien plus importante encore.

Pour cela, il est nécessaire en premier lieu de se conformer à la règle suivante :

Aucune connaissance ne doit être confiée à la mémoire, si elle n'a pas été parfaitement comprise, si elle ne peut constituer pour l'intelligence un aliment profitable.

C'est là un principe essentiel, capital, dont l'oubli entrave ou fausse inévitablement non seulement la culture de la mémoire, mais aussi celle du jugement et des autres facultés. S'imagine-t-on un enfant passant de longues heures à répéter, pour les loger en sa tête, des mots dont le sens lui est totalement inconnu, se surchargeant l'esprit de connaissances encombrantes dont il ne pourra se servir jamais ? Outre la fatigue physique et intellectuelle résultant d'un travail aussi stérile, il y aurait perte d'un temps qui pourrait être employé beaucoup plus utilement et surtout beaucoup plus raisonnablement. Aucune notion ne doit demeurer dans l'esprit à l'état inerte ; sinon, à quoi bon se dépenser en vains efforts pour l'y faire entrer? Toute science est inutile, qui ne cultive ni le jugement, ni l'imagination, ni le goût, ou qui ne trouve aucune application dans la vie ; hors de là, elle se réduit à une accumulation indigeste ou au « savoir obscur de la pédanterie ». Notons, d'autre part, que l'enfant ne peut bien retenir ce qu'on lui enseigne que s'il l'a nettement compris ; sinon, l'enseignement ne laisse en sa mémoire qu'une trace fugitive et bientôt effacée, à moins, — ce qui serait plus regrettable encore, — qu'il ne déduise de ce vain savoir si laborieusement acquis des idées fausses ou des chimères.

Si les maîtres ne perdent jamais de vue le principe qui vient d'être énoncé, ni cet autre : que l'attention, l'effort véritable de l'esprit, est la condition principale du souvenir, ils en tireront cette application extrêmement importante : qu'il faut « enseigner le moins possible et faire trouver le plus possible » (H. Spencer). Les résultats d'une telle méthode sont aisés à découvrir, et ils sont inappréciables, autant pour la mémoire que pour l'intelligence. « Toute connaissance que « l'élève a acquise par lui-même, tout problème « qu'il a lui-même résolu, devient par droit de « conquête sa chose, beaucoup plus qu'il ne pour-« rait l'être autrement. L'activité préalable d'es-« prit que le succès implique, la concentration « de pensée qu'il rend nécessaire, l'excitation « du triomphe, tout concourt à graver les faits « dans la mémoire de l'enfant d'une façon plus « profonde que ne pourraient le faire la lecture « ou l'audition. » (H. Spencer.) Et, ce qui vaut beaucoup mieux encore, cette méthode, tout en développant la mémoire d'une manière normale, habitue à penser par soi-même ; elle aiguise et assouplit l'intelligence, fortifie la volonté, encourage l'esprit d'initiative et la réflexion personnelle.

Enfin, il existe un troisième moyen, non moins

A. B.

Bien conduit.

efficace que les précédents, pour faire l'éducation de la mémoire sans entraver la culture des autres facultés : c'est de procéder avec ordre et choix dans l'enseignement. En toutes choses, l'ordre et la mesure sont des conditions essentielles de la clarté, tandis que la prolixité et la confusion engendrent inévitablement l'obscurité. Il faut, par suite, n'enseigner que le nécessaire, ne pas charger la mémoire de menus faits, de détails sans utilité ou sans valeur. Il n'est pas moins indispensable de mettre de l'ordre dans l'enseignement, d'assigner à chaque chose sa véritable place et de lui donner le développement qu'exige son importance.

Encore trop d'incidentes. Lourd.

On ne négligera pas non plus de dégager des faits particuliers les idées générales qui les résument et qui, en peu de mots, embrassent une multitude d'individus ou de détails, dont le souvenir revient aisément à l'esprit, lorsqu'on a eu soin de ne pas tomber dans le vague en recherchant ces idées d'ensemble. « C'est le moyen « d'apprendre beaucoup et de retenir bien, le « moyen de faire que l'esprit soit bien plein sans « cesser d'être bien fait, et contienne beaucoup « sans porter en lui aucun poids mort. » (H. Marion.)

Tels sont les principes généraux qui doivent présider à l'éducation de la mémoire. Il nous est facile maintenant d'en tirer des conclusions et de formuler des règles particulières. Nous demanderons ainsi que les yeux viennent au secours de l'intelligence, que l'on recoure à l'enseignement par l'aspect, que les connaissances soient acquises par l'observation directe : ce qui a frappé les yeux se grave sans peine dans l'esprit, parce que la vue d'un objet en donne une idée beaucoup plus exacte qu'un flot de paroles, si précises et si claires qu'elles puissent être. Nous demande-

B.

rons aussi que l'enseignement soit attrayant, non pas au point de n'exiger nul effort d'attention, mais de façon à soutenir cette attention même, à procurer aux enfants une émotion agréable qui fixe les souvenirs, tandis que l'ennui ou la distraction produisent des résultats diamétralement opposés ; et le plus sûr moyen d'éviter justement cet ennui ou cette distraction, c'est de faire intervenir dans la leçon les élèves aussi bien que le maître, de leur faire découvrir ce qu'on veut leur enseigner.

Enfin, sans proscrire absolument les moyens artificiels ou mnémotechniques, nous n'y aurons recours que... s'il nous est impossible de faire autrement, et s'ils ne peuvent donner lieu à aucune association d'idées fausses ou extravagantes, à aucun rapprochement absurde ou ridicule.

Mais, répétons-le en terminant : voici, selon nous, les trois principes fondamentaux, d'après lesquels il faut diriger l'éducation de la mémoire :

Ne rien lui confier que l'intelligence n'ait au préalable bien compris et bien fait sien ;

Enseigner le moins possible et faire trouver le plus possible ;

Procéder avec ordre et choix dans l'enseignement.

Et concluons avec Montaigne : que le maître ne demande pas seulement compte à son élève « des mots de sa leçon, mais du sens et de la « substance, et qu'il juge du profit qu'il aura « fait, non par le témoignage de sa mémoire, mais « de sa vie. Que ce qu'il viendra d'apprendre, il « le lui fasse mettre en cent visages et accom- « moder à autant de divers sujets, pour voir s'il « l'a encore bien pris et bien fait sien. » Il n'y a pas sans cela de saine et forte éducation intellectuelle.

182

D'excellents passages, surtout dans la dernière partie de votre travail; malheureusement votre analyse psychologique est par trop écourtée, d'où plusieurs lacunes dans les conseils pédagogiques que vous nous donnez.
13/20.

Contestable.

Il est douteux que cette tendance soit aussi vive chez l'homme mûr que chez l'enfant.

Bien.

III

DU PENCHANT A L'IMITATION

Pédagogie psychologique

Du penchant à l'imitation considéré particulièrement chez l'enfant. Parti qu'on peut en tirer dans l'éducation. Excès à éviter.

Ce n'est assurément pas énoncer une vérité nouvelle que de répéter avec Fénelon que : « l'ignorance des enfants, dans le cerveau desquels rien n'est encore imprimé, et qui n'ont aucune habitude, les rend souples et enclins à imiter tout ce qu'ils voient ».

L'instinct d'imitation, en effet, est un des instincts qui se montrent le plus tôt chez le jeune enfant : des observateurs minutieux ont pu même en constater la manifestation dès les premiers mois de la vie. L'enfant a une disposition innée à reproduire ce qu'il voit faire et de la façon dont il le voit faire, et cette disposition ne fait que s'accroître durant les premières années de l'existence, à mesure que le fonctionnement du cerveau devient plus régulier et plus actif. Cette tendance à l'imitation ne disparaît pas avec l'âge; l'homme, comme l'enfant, « est un animal imitateur » ; mais l'imitation, chez lui, au lieu d'être une copie servile ou machinale, est aidée, transformée par l'intelligence et la volonté, de telle sorte qu'il est souvent bien difficile de dire où elle s'arrête pour faire place à l'originalité. Et maintes fois enfin, cette originalité elle-même se borne, en réalité, à une imitation plus ou moins méconnaissable.

Le développement de la volonté et de l'intelligence n'est pas sans exercer une influence considérable sur le développement du penchant à l'imitation dans le jeune âge. Chaque jour, ce penchant devient plus vif, l'enfant s'y abandonne davantage : son langage, ses manières, ses jeux, tout est copié sur le langage, les manières, les occupations des personnes qui l'entourent. Bientôt il vise à faire grand, il joue à l'homme ; être grand, voilà son rêve. Et comment le paraître mieux qu'en imitant le père, le grand frère et tous ceux au milieu desquels il vit ? Ce sont ses modèles, et il a vite fait de se mouler sur eux, en imitant, non pas ce qu'ils ont de meilleur, mais ce qui est le plus facile à prendre, ce qui frappe ses yeux et ses oreilles. Surtout, il excelle à saisir les défauts, les travers, avec une vivacité et une exactitude véritablement extraordinaires. Pour mieux s'en divertir, il les pousse à une exagération ridicule ; l'imitation tourne à la singerie.

L'instinct d'imitation s'exerçant d'aussi bonne heure et tenant une telle place dans les premières années de la vie, il est évident que l'enfant lui doit une grande partie de ses plus précieuses acquisitions. Et, de fait, c'est par l'imitation que se forme l'homme. Ce n'est pas seulement sans effort qu'il imite tout autour de lui, c'est par intérêt et avec plaisir ; il a besoin de mouvement, d'activité ; c'est pour satisfaire ce besoin qu'il s'exerce à reproduire les actes qui s'accomplissent sous ses yeux. C'est par imitation qu'il apprend à plier ses membres à des mouvements réguliers et déterminés, qu'il acquiert l'usage de la parole et de la langue maternelle, la pratique de l'écriture et du dessin ; qu'il arrive, en un mot, à faire tout ce qu'il fait et à savoir tout ce qu'il sait.

A quoi bon, d'ailleurs, insister sur ce point ? Il est de toute évidence que l'enfant est incapable de rien créer, de rien tirer de son propre fonds ; qu'en ce qui concerne les mouvements, le langage, les opérations des sens et de l'intelligence, il ne peut rien ou presque rien par lui-même. Qu'on se l'imagine abandonné à ses seules forces, sans appui et sans guide ; qu'on suppose, par impossible, qu'il puisse, dans une telle situation, continuer de vivre : voilà l'homme des premiers âges de l'humanité, misérable et faible, à peine distinct de l'animalité. Mais, élevé au milieu de ses semblables, cet être se façonne par l'imitation des autres hommes et donne à ses facultés un développement auquel il aurait été loin de pouvoir jamais atteindre dans sa solitude.

Si c'est l'imitation qui forme l'homme, nous ne pouvons manquer de conclure que l'éducation, au moins dans le jeune âge, consiste uniquement à donner à l'enfant de bons exemples. Rien ne vaut l'action de l'exemple : son influence est prodigieuse sur le cerveau des enfants, et les hommes eux-mêmes sont enfants sur ce point. Heureux celui qui n'a vécu jamais que parmi des personnes « habituées elles-mêmes à dominer leurs penchants, à résister aux séductions du plaisir et à diriger leur vie sans faiblesse vers le but du devoir ». A son insu, celui-là amasse pour l'avenir des richesses incalculables : son âme s'habitue sans effort à l'accomplissement du devoir quotidien.

Là est le parti principal qu'on peut tirer pour l'éducation des enfants de leur tendance à l'imitation. Certes, il n'est pas le seul : l'éducation des sens et de l'intelligence, au moins à ses débuts, se fonde tout entière sur ce même penchant. Et, s'il n'est pas nécessaire de s'arrêter longuement sur ce point, c'est qu'il est bien peu d'enfants chez qui l'instinct imitateur ne soit mis largement à profit, volontairement ou non, pour leur éducation physique et intellectuelle. Parents et maîtres, souvent sans s'en douter, sont sous ce rapport d'excellents modèles et savent profiter le mieux du monde des aptitudes de leurs enfants : ils leur apprennent aisément à mettre en œuvre toutes les forces de leur corps et de leur esprit, et à apporter dans cette mise en œuvre l'adresse, le goût, l'intelligence, sans lesquels l'imitation reste maladroite ou extravagante. Beaucoup d'enfants, au contraire, ne reçoivent pas l'éducation morale qui en <u>fera</u> plus tard des hommes à la loyauté robuste et au cœur généreux. Cette éducation-là serait pourtant, si les parents et les maîtres le voulaient, celle qu'ils pourraient entourer de plus de soins, de soins continus et délicats, sans qu'il leur soit besoin d'être des savants, sans qu'ils aient rien de plus à faire qu'à se bien surveiller eux-mêmes et à donner le bon exemple : tâche difficile, il est vrai, que l'humaine nature ne peut accomplir sans faillir jamais, mais dont on ne se préoccupe pas assez dans les familles et les écoles.

L'enfant est imitateur, <u>dites-vous</u>. Mais alors pourquoi ne pas s'abstenir devant lui de tout ce qu'il faudrait soustraire à son imitation. Pourquoi médire, mentir, mal parler, se mal tenir en sa présence ? Dans la famille, dont l'influence est si puissante et si durable, pourquoi les parents ne songent-ils pas sans cesse qu'ils ont auprès d'eux des yeux malins et des oreilles fines à qui rien n'échappe, et un esprit sagace qui sait vite comprendre les sous-entendus ? Comment ne se disent-ils pas que cet enfant va tout à l'heure imiter leur langage, leurs manières, leurs actes ? Ils oublient que leur présence continue et la tendresse que l'enfant leur porte les imposent à son imitation ; que dans ses modèles il prend ce qui frappe le plus ses yeux, ses oreilles ou son intelligence, et non ce qu'il y a de meilleur pour sa jeune âme ; qu'il imite le mal comme le bien, sinon mieux ; qu'il se rappelle et reproduit les gestes de moquerie, les cris, les sottes manières plus facilement encore qu'il ne s'habitue à un langage et à des manières polies. Ils oublient, — et les maîtres aussi parfois, — que l'imitation n'influe pas moins sur le développement des facultés morales de l'enfant que sur son développement intellectuel, que l'imitation

T. B.

d'une certaine attitude, d'un certain langage, suggère à l'enfant les sentiments qu'expriment ce langage ou cette attitude; que si, nous imitons d'abord les gestes ou les actes, nous imitons ensuite aussi les sentiments et les idées.

Tel serait donc l'idéal de l'éducation: ne mettre sous les yeux de l'enfant que de bons exemples. Ne croyons pas surtout que la vue du mal et de ses tristes conséquences suffise à l'en détourner. Les Spartiates, pour inspirer à leurs enfants la haine de l'ivrognerie, leur donnaient en spectacle des hôtes ivres: ne soyons pas Spartiates sur ce

A. B.

point. Enfin, gardons-nous de toute exagération. Si l'enfant n'a d'autre rôle que de nous copier, il risque fort, selon l'expression de Rousseau, de ne posséder que des vertus par imitation, des vertus de singe. Et ce n'est pas assez pour en faire un homme. Habituons-le, non pas à la copie servile de ce qu'il a vu ou entendu, mais à une imitation intelligente et active, où puisse s'exercer son initiative personnelle, où il puisse mettre un peu de lui-même. En réglant chez lui le penchant à l'imitation, songeons à éveiller deux facultés précieuses: la mémoire imaginative et l'imagination créatrice; que ce qu'il « pillote deçà delà, ne soit plus ni thym, ni marjolaine ». Les productions de l'activité humaine n'ont de valeur qu'autant qu'elles portent la marque d'une individualité propre, que l'auteur leur a donné un cachet particulier.

A. B.

Il ne faut pas mettre moins de soin à éviter l'excès contraire: la singularité, la bizarrerie dans l'imitation. Celle-ci, chez l'enfant, tourne volontiers à la caricature: sous prétexte de ne pas entraver l'essor personnel, n'allons pas la laisser tomber dans le burlesque ou dans la recherche affectée. Faisons chez lui l'éducation du jugement et du goût: c'est le plus sûr moyen, sinon le seul, de lui apprendre à distinguer et à rejeter le faux et l'extravagant.

IV

IL Y A DEUX MANIÈRES de GÂTER les ENFANTS

J.-B. Say a dit : « *Il y a deux manières de gâter les enfants: la première en leur accordant tout ce qu'ils demandent; la deuxième en les reprenant à tout propos.* » Développer, commenter cette pensée et l'appliquer à l'école primaire.

14/20
Travail sérieux, bien pensé et assez bien écrit.

Habituellement on appelle enfant gâté celui qui, habitué à voir ses caprices satisfaits, crie ou s'emporte à la moindre résistance à ses désirs. Mais, ici, il faut entendre par enfant gâté celui dont le caractère a été mal dirigé, et qui, se trouvant incapable de se guider lui-même vers le devoir ou vers le bien, obéit facilement aux mauvaises impulsions de sa nature.

Chacun est d'avis que la pratique du bien doit être le but de l'éducation ; mais les uns, trop généreux, ont cru que les hommes naissent bons. Tout est bien, dit Rousseau, sortant des mains de l'Auteur de la nature. Partant de là, il suffit de laisser agir l'enfant ; loin de contrarier ses penchants, on le débarrassera de toute contrainte ; il se dirigera de lui-même vers le bien. D'autres pédagogues, au contraire, pensent qu'une tache originelle a imprimé sa souillure à toute l'humanité ; par suite, tous nos penchants naturels sont mauvais et doivent être dès l'enfance repris avec rigueur ; ce n'est, du reste, qu'au prix d'une lutte incessante que nous pourrons atteindre au bien et nous y maintenir : penser de cette façon c'est nier implicitement le progrès moral.

Ce n'est pas nier le progrès moral, car l'homme, — l'enfant, si vous voulez. — peut toujours vaincre les mauvais penchants de sa nature. C'est même en cela que consiste la vertu.

Ces deux manières d'envisager la nature humaine ont ainsi conduit à deux systèmes d'éducation : le premier laissant la plus grande liberté à l'enfant; le deuxième le surveillant étroitement pour le reprendre avec rigueur, et faisant surtout appel au principe d'autorité. Tous deux sont mauvais, parce qu'ils sont exclusifs ; ils ne tiennent pas compte d'un des côtés de notre nature. L'homme, en effet, ne naît ni complètement bon ni tout à fait mauvais ; et, comme dit Pascal, il tient de l'ange et de la bête. Sans doute, il y a des degrés : telle nature tend plutôt au mal, telle autre au bien. Mais, en général, l'enfant a de bonnes tendances : il aime vivement ses parents, ses camarades, s'ingénie même à leur rendre service ; il en a de mauvaises prenant leur source dans l'égoïsme ; il se montre désobéissant, batailleur, gourmand et même voleur. En résumé, toutes les inclinations se rencontrent en germe chez l'enfant : plus tard, elles passeront à l'état d'habitudes et formeront le caractère, bon, si les bonnes tendances dominent, mauvais ou gâté, dans le cas contraire.

Or, une éducation trop complaisante rend l'enfant égoïste ; préoccupé de ses désirs, il ne s'inquiète pas s'il impose aux autres des sacrifices ou des peines ; il ne sait non plus proportionner ces mêmes désirs à la satisfaction qu'il peut leur donner, d'où résultent pour lui des désillusions amères. De plus, habitué à commander et à être obéi, il supporte impatiemment toute discipline, et s'accoutume à la mollesse dans l'effort. Il s'irrite facilement si on lui résiste, et prend vite pour de la faiblesse ce qui n'est qu'une grande complaisance ; il arrive ainsi à désobéir continuellement. Devenu plus grand, il suit les impulsions irraisonnées de sa nature. Le devoir et la discipline, du reste, lui répugnent de par la contrainte et l'effort qu'ils occasionnent. La cause de ces faits d'observation est facile à trouver : on compte trop sur la raison de l'enfant, alors que celui-ci obéit surtout à ses instincts ; on ne réussit, par une éducation trop complaisante, qu'à le rendre mou et égoïste.

Le système contraire ne produit guère de meilleurs résultats. Car reprendre continuellement l'enfant, c'est supposer qu'il a mal agi ; or, bien des fautes ou plutôt des peccadilles son causées à cet âge par l'étourderie, plus que par la malice ? En grondant pour les moindres infractions, on s'expose donc à être injuste. Mais l'enfant a une notion très claire du juste et de l'injuste en ce qui le touche ; il prend vite en haine celui qui le harcèle sans cesse, en reçoit mal les observations, et, par dépit, ferait volontiers le contraire de ce qu'on lui dit. Il n'attend qu'une occasion favorable de désobéir, car il trouve alors un plaisir à ruser et à faire le mal sans être puni ou réprimandé. Sa sensibilité s'émousse, et, lors de fautes graves, il sera sourd à la parole du maître ou des parents. En présence de ces derniers, il restera coi ; c'est déjà de l'hypocrisie ; ce vice, du reste, est toujours le fruit de l'oppression. S'il est fautif, il mentira par crainte de la répression. Enfin, avec certaines natures trop sensibles, il y aura des accès de révolte. En fin de compte, le principal résultat d'une éducation rigoureuse est de rendre l'enfant sournois, vindicatif, et surtout de lui faire haïr le devoir et le bien, qui n'apparaissent à ses yeux que sous un aspect rébarbatif et menaçant. Ce résultat s'explique si l'on réfléchit que l'enfant a besoin d'affection et ne fait bien que ce qu'il aime.

Si j'avais à choisir entre les deux systèmes, je préférerais le premier, plus conforme à nos idées actuelles, plus large, plus généreux : le second, employé autrefois, était en rapport avec les idées de sujétion et d'oppression d'alors. Chacun d'eux, du reste, a encore de nos jours ses partisans ; et même, s'il faut en croire un Allemand, les deux systèmes alternent, car chacun de nous, trouvant qu'il a été mal élevé par ses parents, emploie pour ses enfants les moyens d'éducation contraires.

Mais nous avons vu que les deux systèmes, trop exclusifs et trop étroits dans leur conception de

Terme impropre. — On attache d'ordinaire au mot complaisant un autre sens que celui que vous lui donnez ici.

la nature humaine, donnent de mauvais résultats. Il faut donc se tenir entre les deux, pour être dans la voie véritablement éducative. C'est ce qu'on exprime en disant que le maître doit montrer une fermeté douce vis-à-vis de ses élèves. Il est certain qu'un instituteur qui a une quarantaine d'élèves serait débordé s'il était trop complaisant ; d'un autre côté, s'il était trop sévère, il se fermerait le cœur des enfants et n'aurait plus d'action morale sur eux. Dans ces conditions, il faut : d'abord établir une règle et des sanctions, et punir exactement toute infraction à cette règle ; ensuite, faire comprendre à l'enfant la nécessité de la discipline, en appeler à sa raison, et lui montrer pourquoi il doit obéir au devoir, en profitant soit des leçons de morale, soit d'un fait qui vient de se produire ; l'habituer à raisonner ses actions et à en trouver les conséquences, lui témoigner de la confiance, lorsqu'il a déjà l'idée de ce qu'il doit faire, mais le surveiller sans ostentation, et n'avoir pas l'air de chercher à le surprendre en défaut, lui laisser l'initiative dans les petites choses, le reprendre seulement pour des fautes graves, et lui faire comprendre que tout fait a sa sanction.

En somme, ce qu'il importe, c'est que l'enfant respecte d'abord le maître et lui obéisse, mais qu'il s'habitue à voir le devoir derrière la règle, et qu'il comprenne pourquoi il doit agir vers le bien ; ce qui importe aussi pour le maître, c'est qu'il mette d'abord l'enfant dans les meilleures conditions pour bien faire, qu'il fasse appel à sa raison jusqu'à ce qu'elle soit assez forte pour agir seule, et, suivant l'expression de Montaigne, qu'il ne le suive ni ne le traîne, mais le laisse trottiner à côté de lui.

V

NE PAS TROP ÉDUQUER

Expliquer cette pensée : « *Un des grands préceptes de l'éducation, c'est de ne pas trop éduquer, comme un des grands préceptes de la politique est de ne pas trop gouverner.* »

« Quand les sauvages de la Louisianne veulent avoir du fruit, dit Montesquieu, ils coupent l'arbre au pied et cueillent le fruit. Voilà le gouvernement despotique. » C'est de semblable façon, quoique souvent à un degré moindre, qu'agissent les gouvernements qui « gouvernent trop ». Ils multiplient sans nécessité les lois impératives, ils interviennent sans cesse dans les rapports entre les citoyens sous prétexte d'assurer leur sécurité ou leur bien-être, ils règlent jusqu'au travail et jusqu'à la vie privée de chacun. Tel a été autrefois l'empire romain, et une des causes de sa chute a été précisément cette surabondance d'administration ; elle a tué toute initiative dans les individus comme dans la société, elle a détruit l'esprit politique à ce point que personne ne s'intéressait plus aux affaires publiques, pas même à la défense de l'État.

La liberté seule peut produire de grandes choses : il faut que nulle domination tyrannique ne vienne entraver l'essor de l'esprit humain, pour que cet esprit donne au monde tout ce qu'on en peut attendre de progrès. La servitude abâtardit les intelligences et les caractères. « Gens libres, bien nés, bien instruits, conversant en compagnies honnêtes, ont par nature un instinct et aiguillon, qui toujours les pousse à faits vertueux, et retire de vice : lequel ils nomment honneur. »

Gens asservis, au contraire, s'affaissent dans une morne inaction, ou s'agitent dans une turbulence inquiète, l'une et l'autre également stériles.

??

L'éducation d'un enfant n'est pas sans analogie avec le gouvernement d'un peuple: S'il convient de laisser un peu la société se gouverner elle-même, n'est-il pas nécessaire d'agir pareillement à l'égard de l'enfant, et de ne pas faire l'éducation l'obéissance passive et aveugle à des ordres inflexibles ? Chez l'enfant, qu'on s'aviserait d'élever d'une façon aussi despotique, il en serait comme chez le peuple qui n'est plus son maître, et se livre à tous les excès quand vient à cesser pour lui la servitude. L'homme qui n'aura jamais connu qu'une gêne étroite et une soumission rigoureuse sera certainement tenté d'abuser de sa liberté quand elle lui sera donnée ; ce brusque passage de la contrainte de la maison paternelle à la liberté du monde sera pour lui une secousse trop violente, et il n'aura pas toujours la force de résister à cet ébranlement.

Dans l'éducation d'un homme, — comme dans le gouvernement d'un peuple, — deux excès sont à éviter : ou l'éducation mal comprise aura tué la volonté chez l'enfant, ou il sera de ceux-là, comme dit Rabelais, qui, « quand par vile subjection et contrainte sont déprimés et asservis, détournent la noble affection par laquelle à vertu franchement tendraient, à déposer et enfreindre ce joug de servitude. Car nous entreprenons toujours choses défendues, et convoitons ce qui nous est dénié. » (*Gargantua*, chap. LVII). Ces deux excès sont également condamnables : ils amènent l'enfant à n'être plus que l'esclave des autres, ou l'esclave de ses passions, et souvent des plus mauvaises.

Si le but de l'éducation morale « est de former un être apte à se gouverner lui-même, non un être apte à être gouverné par les autres », on conviendra qu'il faut de bonne heure donner à l'enfant le sentiment de sa propre responsabilité, l'habituer à la domination de soi-même, encourager chez lui le développement de la personnalité. Atteint-on ce but si l'on règle avec un soin minutieux jusqu'à ses moindres actions, si l'on enferme son existence dans un cercle étroit qui lui est tracé d'avance, et où jamais on ne le laisse aller « la bride sur le cou », afin qu'il fasse l'essai de ses propres forces et apprenne à se conduire sans le secours d'autrui? Songeons qu'un jour cet enfant échappera à notre direction et à nos conseils, et ne devra plus s'inspirer que de lui seul Élevons-le donc de manière à pouvoir alors nous en remettre à sa propre inspiration du soin de le guider à travers la vie. Qu'il prenne peu à peu l'habitude d'être son maître. Augmentons par degrés les occasions où il exercera sa domination sur lui-même, amenons-le pas à pas à l'exercer sans notre aide, et effaçons ainsi la transition, ordinairement brusque et dangereuse, de l'enfance et de l'adolescence, « où le gouvernement de l'homme vient du dehors, à l'âge adulte, où il vient du dedans. Que l'histoire de notre législation domestique soit, en petit, l'histoire de notre législation politique : au début, l'autorité despotique, quand cette autorité est réellement nécessaire (avec les tout petits enfants); bientôt après, un constitutionnalisme naissant, dans lequel la liberté du sujet est, sur quelques points, reconnue; ensuite, des extensions successives de la liberté du sujet, pour finir par l'abdication du maître. » (H. Spencer.) Le meilleur maître, a-t-on dit, est celui qui travaille à se rendre inutile; qu'il s'agisse de l'éducation de l'intelligence ou de l'éducation du caractère, le précepte est toujours vrai.

N'oublions jamais enfin que les plus belles actions humaines n'ont tout leur prix que si leur auteur les a accomplies spontanément, dans la plénitude de sa liberté; disons-nous qu'il faut par suite habituer l'enfant à la pratique de la liberté. Ce n'est pas sous un régime despotique, absolu, — en politique comme en éducation, —

que se font de grandes choses, durables et fécondes : l'effet d'un tel régime est de tuer chez l'individu l'initiative personnelle, d'en faire un instrument passif et parfois inconscient, qui ne s'appartient pas à lui-même. C'est là justement le contraire du but où doit tendre constamment l'éducation : elle veut faire de l'enfant une personne humaine, raisonnable, active, consciente et libre, non une chose ou une machine.

Et puis, alors même que nous prétendrions pouvoir régler tous les actes de l'enfant, serions-nous sûrs d'y parvenir ? Ne s'égarera-t-il point, ne nous égarerons-nous point nous-mêmes dans la multiplicité des ordres et des prescriptions dont il sera nécessaire de l'accabler ? Pourrons-nous affirmer ne nous contredire jamais ? Que nous ayons à former l'esprit ou le caractère d'un enfant, ne perdons pas de vue ce principe que tout dire est impossible, qu'il est indispensable de se borner à l'essentiel. Le domaine des faits moraux est infini ; c'est folie de vouloir prévoir toutes les situations où plus tard l'enfant se trouvera placé, et lui fournir à l'avance les règles précises qui devront le guider alors. Nous n'avons pas pour tâche de le conduire rudement par la main, mais de le laisser trotter devant nous, comme dit Montaigne, en le surveillant de l'œil et en nous tenant prêts sans cesse à le replacer dans le bon chemin quand il s'en écartera.

Ne craindrions-nous pas enfin, en nous transformant en éducateur autoritaire et minutieux, de trop contrarier le naturel de l'enfant ? Savons-nous assez ce qui se passe au fond de son cœur, pour être certains de ne nous tromper jamais quand nous voulons le plier à une discipline trop sévère et trop étroite ? Chacun de nous apporte en naissant des instincts particuliers dont il est impossible de ne pas tenir compte en éducation : les contenir ou les diriger, selon leur nature et leur force, c'est bien ; essayer de les étouffer serait souvent œuvre irréalisable et mauvaise.

Que conclurons-nous de tout cela ? Pour préparer l'enfant à être un homme, nous nous garderons bien de trop éduquer : nous lui laisserons la plus grande somme possible de liberté, nous l'exercerons à se conduire seul, à faire acte de volonté, à ne pas redouter la responsabilité de ses actions ; nous en ferons ainsi un être « apte à se gouverner lui-même », et c'est à cela que tendent tous nos efforts. Mais nous nous garderons bien aussi d'exagérer de tels préceptes, d'abandonner l'enfant à ses caprices et à ses instincts, sous prétexte qu'il faut « suivre la nature » ou « ne pas trop éduquer ». Il ne faut pas trop éduquer, c'est certain ; il faut éduquer pourtant : l'éducation libérale n'est pas le manque d'éducation.

VI

DE L'AMOUR-PROPRE

Dans quelle mesure peut-on utiliser l'amour-propre des enfants : 1° Pour l'instruction ; 2° pour l'éducation ? — Que penser des satisfactions extérieures données à l'amour-propre : (croix, rubans, etc.), des places, des distributions de prix ?

Développement

L'amour-propre est un sentiment qui nous pousse à rechercher notre propre estime. Son caractère principal est de nous rendre fiers de nous-mêmes. Les satisfactions qu'il nous procure sont très vives ; elles se produisent quand nous nous sentons supérieurs à nous-mêmes ou aux autres ; le sentiment d'infériorité est au contraire très pénible. Quand notre amour-propre est en rivalité avec celui d'autrui, il prend le nom d'émulation. Suivant le but auquel il se rapporte, suivant aussi le degré de culture morale de le nom qui l'éprouve, l'amour-propre produit la dignité, la fierté ; ou bien, il amène la vanité, l'orgueil, la jalousie.

Ce sentiment se manifeste de bonne heure ; l'enfant recherche la supériorité, aime la louange ; par contre, il rougit d'un affront et supporte mal la raillerie, ce qui l'entraine parfois au mal. L'éducateur doit se préoccuper d'une force aussi vive, et chercher à l'utiliser en vue de l'instruction et de l'éducation de l'enfant ; il peut agir, soit par l'influence directe de sa parole, soit par l'émulation. De toute façon, son but est d'exciter l'amour-propre vers le bien, d'une part, de l'empêcher de dégénérer, d'autre part. Il s'en servira d'abord pour faciliter l'instruction des enfants.

On sait combien ceux-ci sont fiers d'une récompense ou d'un éloge. Il faut que le maître profite de cette disposition et que rien ne lui paraisse indifférent : il approuvera ou blâmera chaque réponse ; chaque devoir sera annoté, en sorte que l'enfant soit ou continuellement stimulé au travail par la fierté d'avoir bien fait et le plaisir d'être loué, ou puni de son inapplication par la honte qu'il éprouve.

Il est plus utile et plus facile de donner des éloges que de blâmer tout ce qui est mal. Car, d'abord, l'enfant ne peut travailler qu'en enfant et se décourage vite, le cas échéant ; ensuite sa nature insouciante lui fait oublier rapidement les réprimandes, tandis qu'il se souvient des louanges ; enfin, on voit souvent des éloges, peu mérités d'abord, se justifier par la suite. Toutefois n'abusons de rien : des compliments trop fréquents amènent la vanité et blasent l'amour-propre ; par contre, des humiliations répétées produisent le dégoût de l'étude qui les cause et la haine du maître qui les inflige. Un mot, un regard, peuvent suffire dans certains cas. Cela du reste est affaire de tact, et se mesure autant à la valeur du travail qu'à la nature des élèves : ce qui laisserait indifférent une nature molle surexciterait un caractère sensible. Il convient en outre de réserver aux élèves peu intelligents de petits succès d'amour-propre, afin de secouer leur torpeur. Ajoutons enfin que l'éloge ou le blâme en public sont plus efficaces qu'en particulier : l'enfant est fier d'être cité comme exemple et de mériter l'estime instinctive de ses camarades ; ou bien, il sent contre lui l'opinion de toute la classe et sa honte s'en accroît. Moyen extrême cependant.

Les récompenses et les punitions, indépendamment de la valeur matérielle qu'elles peuvent avoir, sont surtout des stimulants d'amour-propre. L'enfant montre avec joie les premières

comme des témoignages palpables de son travail ;
il passe soigneusement les secondes sous silence.
Mais les unes et les autres, comme d'ailleurs les
éloges ou les reproches, n'ont d'effet moral qu'autant qu'elles sont données avec justice.

Le maître ne doit pas borner son action à louer
ou à blâmer ; il peut encore exciter l'amour-propre de l'élève en lui montrant les progrès
qu'il a faits, en développant en lui la fierté du
savoir, en comparant le travail d'une semaine à
celui de la précédente. C'est là une sorte d'émulation individuelle.

L'émulation générale s'en approche ; elle est
une lutte entre amours-propres rivaux, tandis
que la première est une lutte contre le « moi »
antérieur. Les résultats de l'émulation sont considérables, car elle double l'énergie au travail.
L'enfant tente bien des efforts pour gagner ou
conserver une place. Et les maîtres ont raison
qui font, chaque semaine, changer les élèves de
place. Seulement je voudrais que ce changement,
au lieu d'être déterminé par une composition, fût
subordonné à l'ensemble des notes de la semaine.
Ce n'est pas de son intelligence ou de son succès
que l'enfant doit être fier, mais de son travail,
de ses efforts, et le maître doit bien marquer
cette différence : il évitera ainsi la vanité et la
jalousie.

Il aura déjà rempli sa tâche plus qu'à moitié.
En effet, l'émulation dans le savoir entraîne
l'émulation dans le bien ; un enfant qui cherche
à surpasser les autres par son travail essaie aussi
de les surpasser dans sa conduite. Qui empêcherait le maître de consulter chaque samedi la
classe entière, pour savoir qui a été le plus appliqué, le plus docile, le moins bavard ? Il habituerait ainsi ses élèves à tenir compte de l'opinion générale, en même temps qu'il contribuerait
à leur progrès moral.

Mais c'est surtout directement qu'il doit agir sur l'amour-propre, en vue de l'éducation des enfants. Ceux-ci sont toujours contents et fiers d'être loués par quelqu'un qu'ils aiment et qu'ils respectent, et il faut profiter de cette disposition. Pourtant, ne les habituons pas à rechercher toujours les éloges : cette tendance peu grave, lorsqu'il s'agit de leur instruction, peut devenir mauvaise en éducation. Faisons-leur trouver en eux-mêmes la satisfaction qu'ils cherchent; n'est-ce pas un vif plaisir d'amour-propre, tout intime, que la fierté d'avoir triomphé d'un défaut ou d'une habitude et d'avoir rendu sa volonté victorieuse? C'est cette chose qu'il faut bien faire comprendre aux enfants, en le leur disant d'abord, en leur donnant l'occasion fréquente de s'en assurer ensuite. La fierté du bien, de la volonté, est le plus sûr garant de la moralité. Seulement il est à craindre que l'enfant n'en ressente pas de suite la satisfaction : je veux dire par là que sa volonté est faible et que ses instincts sont puissants.

D'ailleurs que le maître ne compte pas trop sur ses paroles, pour exciter l'amour-propre au bien, qu'il agisse et de mille façons. On sait combien est grand chez l'enfant le désir de paraître un petit homme. Montrons-lui que nous le considérons comme tel; ayons en lui une certaine confiance; laissons-lui un peu d'initiative; faisons appel à sa fierté, à sa responsabilité, sans l'abandonner à lui-même, ni sans le surveiller étroitement ; habituons-le à se conduire lui-même : son amour-propre flatté le guidera vers le bien

En sens inverse, on humiliera ceux qui ont mal agi : tous les dires du menteur seront contrôlés; on montrera du mépris pour les délateurs, on raillera le vaniteux ; celui qui aura dérobé quelque chose à ses camarades ne sera jamais laissé seul dans la classe; on continuera cette manière d'agir jusqu'à ce que la honte soit suffisante pour prévenir de nouvelles fautes.

D'une façon générale, on emploiera l'amour-propre pour éveiller chez l'enfant le sentiment de l'honneur et celui du devoir.

VII

DE L'ENSEIGNEMENT DE LA LECTURE AUX TROIS COURS D'UNE ÉCOLE PRIMAIRE.
Ancienne et nouvelle épellation. — Avantages et inconvénients de chacune d'elles. — Quelle méthode employez-vous ? — Pourquoi ? — Rôle des illustrations dans un livre de lecture.

L'enseignement de la lecture est nécessairement le premier de tous à l'école primaire, et c'est aussi celui auquel le maître s'attache tout d'abord lorsque l'enfant arrive pour la première fois à l'école.

Bon travail, clairement et correctement écrit. N'oubliez pas à l'avenir si vous empruntez à un auteur ses mots et ses phrases, que la citation doit être placée entre guillemets. C'est une question d'honnêteté : à chacun son bien ! 15/20

Deux méthodes sont en présence. L'une, dite « d'ancienne épellation, » décompose les mots en tous leurs éléments ou lettres, « en donnant à chacune d'elles un nom et un son particuliers ».

Ceci est à peu près la même répétition de ce que vous venez de dire dans la première moitié de la phrase.

L'autre, dite de nouvelle épellation, « ne divise les mots qu'en leurs éléments les plus simples, sons et articulations ».

Madame Chasteau, page 231.

Dans la première, le mot *sang*, par exemple, se lit : *s, a, n, g, sang*; dans la seconde, il se lit : plus simplement : *s, ang, sang*.

Id., page 234.

Il ressort de cet exemple que l'ancienne épellation conduit plus rapidement que la nouvelle à l'orthographe, puisque toutes les lettres qui composent un mot sont énoncées les unes après les autres pour être ensuite assemblées.

Mais, d'autre part, elle est peu rationnelle et peu rapide, car l'enfant a beau répéter: *s, a, n, g, sang ; d, e, n, t, dent*; il est longtemps encore sans comprendre et, par suite, sans savoir que les lettres *a* et *n*, ou *e* et *n* juxtaposées constituent le son *an* (*en*). Il ne parvient à le savoir que lorsque le maître lui a répété et fait répéter souvent, bien souvent, des syllabes ou des mots qui renferment ce son.

Non. Comment voulez-vous qu'un enfant retienne l'orthographe d'un mot qu'il ne sait pas lire ? Et avec cette méthode (qui n'en était pas une) il fallait des années pour apprendre à lire.

C'est très juste.

Avec la nouvelle épellation, cette lenteur n'est pas à craindre. L'enfant connaissant la valeur du son formé par les lettres *a* ou *e* et *n*, unit facilement et rapidement ce son aux articulations dont on le fait précéder : *s*, *ang*, *sang* ; *d*, *ent*, *dent*, — quelles que soient d'ailleurs les consonnes, *g*, *t*, qui lui sont jointes et qui ne se prononcent pas.

Cette méthode est donc la plus logique et la plus rapide. Elle n'enseigne pas, il est vrai, l'orthographe en même temps que la lecture, puisqu'on vise moins les lettres que les sons formés par leur réunion : l'enfant écrit aussi bien *sang*, *dent*, *rang*, d'une toute autre façon que de la bonne puisque *sen*, par exemple, a le même son que *sang*, « mais le temps que l'on gagne par son usage peut être plus tard utilement employé à des exercices d'orthographe et de langage ».

Quant à l'appellation des lettres (*bé* ou *be* pour la lettre *b*, — *elle* ou *le* pour *l*), elle est totalement indépendante de la méthode d'épellation, quoique dans l'ancienne on donnât plutôt aux lettres l'appellation *bé*, *cé*, et que dans la nouvelle on leur donne plutôt l'appellation *le*...

La nouvelle épellation est donc, de beaucoup, préférable à l'ancienne, et elle est, du reste, à peu près totalement, sinon complètement adoptée aujourd'hui dans les écoles.

Quels procédés va-t-on maintenant employer pour que, le plus rapidement possible, les enfants arrivent à lire ?

Nécessairement on leur enseigne d'abord les lettres (en leur donnant l'appellation *be*, *le*, etc.), non pas toutefois l'alphabet complet avant de leur faire assembler les articulations et les voix ; mais sitôt, au contraire, qu'ils connaissent une voyelle et une consonne, on les leur fait assembler. L'écolier qui connaît les lettres *r*, *s*, *a*, *i*, *o*, apprend à lire en même temps *ra*, *sa*, *ri*, *si*, *ro*, *so*. Il lit ainsi toutes les syllabes simples à mesure qu'il connaît les lettres dont elles sont formées.

Il vaut mieux commencer l'étude des consonnes par celles dont on peut prolonger le son,
comme *s*, *r*, *f* (et non *d*, *t*). Il est plus facile de
les unir aux voyelles parce qu'on peut leur donner leur véritable son (*rrr*... et non *re*) qui vient
frapper la voyelle suivante : *r*... *a*, *r*... *a*, *ra*. En
rapprochant graduellement la voyelle de l'articulation, on parvient à faire prononcer sans hési-
tation : *ra*, *si*, etc. Par imitation, les élèves
joignent aux voyelles, sans aucune difficulté, les
consonnes qu'on ne pourrait prononcer ainsi
seules: *b*, *c*, *d*, etc. Après l'étude des lettres,
on peut aborder celle des articulations composées : *fr*, *bl*... L'enfant lit : *fra*, *clé*, aussi aisément qu'il lit : *ri*, *ta*... Vient ensuite l'étude des
voyelles composées: *ou*, *oi*, *ai*, *eu*; des consonnes
composées: *ch*, *qu*...; des voyelles nasales: *an*,
in..., des syllabes inverses : *ac*, *oir*... (que les
enfants confondent souvent avec les articulations
composées, — *par* avec *pra*, par exemple, —
lorsque l'étude de ces deux groupes est trop rap-
prochée) ; des diphthongues : *ia*, *ié*...; des diphthongues nasales: *ian*, *oin*..., et pour terminer
celle des irrégularités et des exceptions: *lion*,
dans *action*..., etc.

N'oublions pas de signaler les avantages de la
méthode qui consiste à faire tracer par l'élève les
caractères en même temps qu'il apprend à les
lire, de sorte que l'enseignement de la lecture se
fusionne avec celui de l'écriture ; ces deux enseignements marchent de pair, se soutiennent et
s'aident en se complétant ; la leçon d'écriture
(l'enfant doit toujours lire ce qu'il écrit), tout en
restant ce qu'elle doit être, devient un utile exercice de lecture.

Jusqu'ici les leçons de lecture se sont faites
exclusivement ou à peu près au tableau noir.
Mais à ce moment on peut mettre entre les mains
de l'enfant son premier livre de lecture courante.

C'est vrai.

Copié.

Voir Brouard (Manuel) page 115 et Madame Chasteau, page 240.

Ç'a été jusqu'alors son ambition, son rêve de tous les instants. Il faut donc que ce livre réponde à ce que les élèves et le maître tout ensemble en attendent. « Il doit être imprimé en gros caractères, d'une lisibilité parfaite ; ne pas être au-dessus de la portée d'esprit ou des connaissances des jeunes lecteurs auxquels il s'adresse, mais toutefois ne pas traiter des sujets vulgaires ou banals qui n'enseignent rien ou presque rien ; contenir enfin de petites leçons et de petits exemples accessibles à leur sens moral ou capables de le développer.

A ces qualités matérielles, intellectuelles et morales, il doit en joindre une autre : l'illustration. L'enfant adore les images : le livre qui n'en renferme pas est pour lui froid, sec et terne. Elles l'amusent, l'aident à comprendre le texte, développent chez lui le sens de la vue et la faculté d'observation, en mettant sous les yeux le tableau de la scène décrite dans la leçon de lecture, et en fournissant le sujet de petits développements qui habituent l'enfant à observer et à juger. Mais elles ne peuvent être entachées de banalité ni d'inexactitude, sans quoi elles perdent la plus grande partie du profit qu'on en attend.

Dans la section enfantine du cours élémentaire, les leçons de lecture (qui durent en moyenne de 20 à 30 minutes) ne peuvent guère être au nombre de moins de quatre, deux le matin et deux le soir. Mais, sitôt que les enfants commencent à déchiffrer leur livre, ce nombre peut être réduit à deux, car alors il faut laisser plus de place aux autres matières du programme. Comme dans la section enfantine, on peut faire encore, — moins cependant, — de la lecture simultanée, et se livrer à de petits exercices de vocabulaire, d'analyse et de grammaire : il est nécessaire (dans chaque cours, du reste) d'expliquer les mots difficiles ou inconnus. Mais on ne perdra pas de vue que la leçon de lecture est, avant tout, leçon de lecture, et non d'histoire, de géographie, de grammaire, etc.

Dans le cours moyen, on abandonne totalement la lecture simultanée pour la lecture individuelle. Le chapitre qui fait l'objet de la leçon est d'abord lu par le maître, puis expliqué. Le sujet, l'idée générale, est en premier lieu mis en relief; des explications et des détails sont ensuite donnés à propos des mots et des phrases, de sorte qu'on fournit ou fait trouver aux enfants une foule de notions intéressantes et utiles sur un grand nombre de sujets, — industrie, commerce, sciences, économie domestique, etc., — en même temps que des remarques sur l'emploi, le sens, l'orthographe, l'étymologie des mots, et des applications des règles de grammaire. Mais là aussi il faut savoir se borner, et ne pas transformer la leçon de lecture en une autre tout à la fois complexe et très incomplète. Le point auquel il faut surtout s'attacher, c'est de faire bien comprendre ce qu'on lit.

Pour le cours supérieur, les programmes comportent : lecture expressive. Les exercices de lecture des cours moyen et élémentaire, d'ailleurs, doivent déjà tendre vers ce but. C'est alors qu'il faut se rendre parfaitement compte de la pensée de l'écrivain, saisir nettement le sentiment qui l'a guidé, le comprendre enfin avec une clarté parfaite, et nuancer ensuite la voix pour traduire par son expression cette pensée ou ce sentiment. Les exercices de récitation aideront puissamment le maître dans cette tâche délicate. Il trouvera aisément des récits ou des scènes à plusieurs interlocuteurs, qu'il fera interpréter par ses élèves, chacun ayant son rôle: Le loup et l'agneau, par exemple.

C'est dans le cours supérieur que l'on pourra mettre à profit les œuvres de nos grands écrivains, faire connaître aux enfants les noms et les ouvrages principaux de notre littérature nationale et contribuer de cette façon à former et à épurer leur goût par des leçons de lecture littéraire.

Une dernière et importante préoccupation du maître dans les leçons de lecture, à quelque cours qu'il s'adresse, sera de corriger chez ses écoliers l'accent local ou les autres défauts qui altèrent la prononciation. Il veillera à ce que leur diction soit toujours ferme, aisée et parfaitement nette.

Enfin, et ce point est d'une importance capitale, l'enseignement de la lecture sera incomplet si le maître n'en a pas su inspirer l'amour à ses élèves. Les connaissances forcément trop restreintes, acquises à l'école, s'oublient vite. La lecture seule permet, non seulement de les conserver, mais d'en acquérir sans cesse de nouvelles qui contribuent, bien plus que celles qu'on a emportées des bancs de la classe, à former et à développer le jugement et l'intelligence. Elle est le plus sûr et même le seul moyen de perfectionner l'instruction qu'on a reçue dans son enfance, en même temps qu'elle est pour le cœur et pour l'esprit une source de jouissances les plus saines et les plus profitables de toutes, quand on est en état de les comprendre et de les goûter.

Pour que l'enfant aime à lire, il faut par-dessus tout que le livre ne l'ait pas ennuyé à l'école, que ses premières lectures aient été utiles et attrayantes. Utiles et attrayantes aussi sont celles du maître, que les programmes lui prescrivent de faire deux fois par semaine, et qui seront, d'autre part, des modèles de lecture expressive. Le choix judicieux des livres qui composeront la bibliothèque scolaire, et que l'instituteur s'efforcera le plus possible de mettre entre les mains des enfants et de leurs familles, sera également un des principaux moyens d'arriver à ce résultat. La lecture expressive, elle aussi, augmente le désir de lire, à cause de l'attrait et presque de l'amusement qui s'y attache.

Le maître doit donc user largement de ces divers procédés. Il exercera par là sur ses élèves une heureuse influence, alors même qu'ils auront dit adieu pour toujours à l'école, et leur fournira les moyens d'acquérir cette culture générale qui est l'indispensable aliment et la richesse nécessaire de l'intelligence.

VIII

DE LA LECTURE DANS L'ÉDUCATION POPULAIRE?

Quels bienfaits peut-on raisonnablement attendre de la lecture dans l'éducation populaire? Comment et à quelles conditions la lecture expliquée à l'école primaire pourra-t-elle contribuer soit au développement immédiat de l'enfant, soit à la formation d'habitudes salutaires pour sa culture intellectuelle et morale?

Dans la lutte que notre société moderne livre à l'ignorance et aux préjugés, et où elle s'efforce d'élever constamment le niveau intellectuel et moral de la nation, il n'est pas pour elle de gage plus certain de la victoire que l'amour de la lecture au sein des classes populaires. Un État démocratique comme le nôtre, où chacun des membres qui le composent pèse dans les destinées de son pays, a besoin que ses enfants ne se confinent pas dans la recherche exclusive des jouissances matérielles, mais qu'ayant conscience du rôle qu'ils ont à jouer et des devoirs que leur impose leurs droits civiques, ils s'intéressent aux affaires de tous, fortifient leur intelligence, ouvrent leur cœur à tous les sentiments généreux et virils qui font l'honnête homme et le bon citoyen. Une nation, moins encore qu'un individu, ne peut vivre uniquement de la vie physique : elle a une existence intellectuelle et morale, sans laquelle elle tombe dans l'engourdissement et marche à la décadence, et grâce à laquelle elle conserve toutes ses libertés publiques et toute sa force. Or, quelle est la meilleure preuve et la manifestation la plus évidente de cette vie immatérielle, sinon, d'un bout à l'autre du territoire, le travail de toutes les intelligences avides de s'instruire, demandant à la lecture, c'est-à-dire au seul moyen d'étude dont elles disposent, des connaissances toujours nouvelles, puisant dans les bons livres, avec des matériaux de toute sorte qu'elles utiliseront à chaque pas dans la vie, les jouissances les plus saines et les plus profitables, élargissant sans cesse leur horizon, et s'habituant, presque à leur insu, à regarder plus loin et plus haut que leurs champs ou leur atelier ?

Et ce ne sont pas là des avantages chimériques ou un idéal irréalisable. Car nous portons en nous une insatiable curiosité de toutes choses, qui se révèle dès nos premiers ans ; nous sommes toujours en quête de vérités nouvelles ; rien d'inconnu ne frappe nos yeux ou nos oreilles sans que nous ne voulions nous en éclaircir ; comment alors parviendrons-nous à satisfaire pleinement cette curiosité, si les bonnes lectures ne nous en offrent le moyen ?

Puis, lorsque ce penchant pour les nouveautés et le savoir, qui, en notre temps plus que jamais, est développé chez tous les hommes, a été fortifié encore par les années d'école, comment pourrons-nous le suivre si le livre ne vient pas nous fournir les connaissances nécessaires ou simplement attrayantes dont nous sommes avides ?

La lecture met donc l'homme dans la possibilité de perfectionner l'instruction forcément restreinte et vite oubliée qu'il a reçue dans son enfance ; elle développe et complète les notions modestes qui lui ont été données sur les bancs de la classe ; elle continue à nourrir son intelligence, à cultiver son jugement, à discipliner toutes ses facultés, comme l'a fait autrefois le maître qu'elle est destinée à remplacer.

Par là même elle exerce une influence moralisatrice incontestable.

« Tout homme qui sait lire est un homme sauvé, » dit M. Eug. Manuel dans *Les Ouvriers*, et, de fait, c'est une nature profondément loyale et sympathique que celle de ce jeune travailleur mis

---

Marginalia :

« Des intelligences qui utilisent à chaque pas... » M. d. Les termes jurent entre eux.

Pas français. Consul Dict. Défiez-vous de ces lapsus très graves.

On ne peut jamais la satisfaire pleinement.

Toute cette première partie est fort juste, mais un peu trop générale. Peut-être auriez-vous bien fait d'indiquer avec plus de précision les services de la lecture et sa nécessité à l'heure actuelle, par suite des progrès de la science, de l'art, etc... etc...

Bien résumé.

Mais pourquoi? C'est là un paradoxe qu'il faut justifier; or, la justification est facile ; 1°

en scène par le poète, qui se passionne pour les livres et cherche dans la lecture et dans l'étude ses distractions les plus favorites et ses plaisirs les plus agréables. Il y a là, en effet, une source de jouissances qui sont entre toutes les plus pures et les plus utiles quand on est en état de les comprendre et de les goûter. Ajoutons-y l'enthousiasme que nous éprouvons au récit de nobles actions, la guerre faite aux opinions fausses ou aux préjugés, l'élévation de pensée que nous y gagnons sans nous en apercevoir, et avec elle l'élégance dans les manières, l'urbanité dans les relations. « La lecture de tous les bons livres, dit Descartes, est comme une conversation avec les plus honnêtes gens des siècles passés qui en ont été les auteurs, et même une conversation étudiée dans laquelle ils ne nous découvrent que le meilleur de leurs pensées. » Sans espérer que nos paysans goûtent jamais *Les Essais* ou *Le Misanthrope*, on peut diriger leur éducation de telle sorte qu'ils arrivent à aimer des ouvrages réellement littéraires, ainsi que des livres instructifs et moraux, qui étendront leur savoir, complèteront les connaissances relatives à l'exercice de leur profession, formeront leur cœur et les passionneront pour le bien.

De là, la nécessité de faire naître et de développer chez les enfants l'amour de la lecture, mais en même temps de leur inspirer le goût des lectures sérieuses, également utiles à leur âme et à leur esprit. C'est à l'école d'y contribuer pour la plus large part, et elle y parviendra sans peine si l'instituteur met entre les mains de ses élèves des livres bien choisis et bien gradués, assez attrayants pour les intéresser et assez sérieux pour les instruire, et surtout s'il sait tirer des leçons de lecture tout le profit qu'on en peut attendre.

Aucun peut-être des exercices scolaires ne peut faire davantage pour le développement im-

---

Notes marginales :

l'ouvrier qui cherche ses distractions dans la lecture, généralement méprise les plaisirs grossiers, la lecture est donc un préservatif : 2° Si elle est saine, elle est de plus un stimulant au bien, etc. etc.

Détachez mieux chacune de vos idées.

??

Bonne citation.

Fort bien, mais la lecture peut être aussi dangereuse. Que de mal elle fait, même à notre époque ! Il fallait l'indiquer. Vous trouviez dans ce développement une transition toute naturelle pour en arriver à parler de la lecture à l'école primaire et des devoirs du maître à ce sujet.

Donc il y a des lectures qui ne sont pas sérieuses, qui sont même dangereuses. Vous auriez dû en dire un mot plus haut.

Qu'entendez-vous par déve-

loppement immé-
diat? Ces mots
ne sont pas clairs
dans le texte
proposé; il im-
portait donc d'en
bien fixer le sens.

Bien.

« Un souvenir
qui se joint à un
enrichissement »:
bien mal dit.

médiat de l'enfant. Dans le livre qu'on lui confie pour la première fois, et dont il déchiffre avec plus d'orgueil encore que de peine les mots et les phrases, le petit écolier se trouve en présence de mots nouveaux et d'idées nouvelles : des explications simples et claires, des applications nombreuses et pratiques les ont bientôt gravés dans sa mémoire si le maître sait les lui faire comprendre et « accommoder en cent visages ». A cet enrichissement dans le domaine du vocabulaire et des idées de l'enfant, se joint le souvenir de tours de phrases, d'expressions qui lui étaient inconnues et qui désormais se présenteront aisément à son esprit lorsqu'il lui sera nécessaire d'en faire usage pour l'expression de sa propre pensée. Le langage du livre, plus précis et plus correct que le sien, l'initiera à une langue

Dit trop.

élégante et claire, en lui donnant une sorte d'instinct de la correction et de la beauté littéraire. Enfin, il puisera dans son livre des notions intéressantes et utiles sur un grand nombre de sujets : industrie, commerce, sciences, économie domestique... qui parfois ne pourraient prendre place dans des leçons spéciales, et que le maître ne négligera pas de rendre plus intelligibles ou plus complètes.

Bien conduit.

Quant au sens moral de l'enfant, il trouvera dans le livre de lecture de petites leçons et de petits exemples pratiques, capables de le développer et de l'affermir, et de faire naître les bonnes idées et les bons sentiments. Notre élève y acquerra un sentiment exact du bien et du mal, du juste et de

???

l'injuste. Il y verra la méchanceté toujours punie, et surtout le bien toujours récompensé; il y apprendra le respect, la douceur et la complaisance

N'exagérez
rien : nos élèves,
même à l'école
primaire, ne sont
pas de petits
saints.

envers tout le monde; sa jeune âme, encore ignorante du mal et si sensible aux influences extérieures, s'ouvrira aux beaux préceptes et aux belles leçons du livre, et il sentira s'éveiller en lui ce guide infaillible et sévère qui s'appelle une conscience droite.

Mais, pour que les leçons de lecture portent tout leur fruit, il est indispensable qu'elles soient dirigées avec beaucoup de tact, et remplissent certaines conditions que nous allons examiner.

La première qui s'impose à l'esprit est nécessairement celle-ci : les lectures doivent être choisies, appropriées à l'intelligence des enfants et susceptibles de les intéresser; en second lieu, elles doivent être variées, avoir trait à toutes sortes de sujets : anecdotes, connaissances usuelles, récits historiques..., pourvu qu'on en exclue, de la façon la plus formelle, la banalité, l'inexactitude ou la fantaisie. Le choix du livre est donc chose importante; pour le rendre instructif, n'en faisons pas une encyclopédie indigeste et ennuyeuse; pour le rendre moralisateur n'allons pas nous arrêter à un traité de morale : demandons-lui simplement de présenter une série d'actions et de faits servant à former le cœur et à épurer les sentiments.

Le livre choisi, la véritable tâche va commencer pour l'instituteur.

Avant tout, il s'assurera que l'enfant a une intelligence parfaite du texte lu : la compréhension exacte des mots, puis des phrases, puis de l'ensemble du morceau, est le premier bienfait que les élèves sont en droit d'attendre d'une bonne leçon de lecture. Des explications seront forcément nécessaires pour en arriver là : c'est au maître à les donner, ou bien plutôt à les provoquer et à les faire trouver aux enfants eux-mêmes, afin de cultiver par des exercices nombreux et rationnels leurs facultés les plus fécondes : l'attention, l'observation, la réflexion et le jugement.

Le texte, bien compris, sera l'objet d'un résumé le plus souvent oral, mais quelquefois écrit, et servant alors d'exercice de style.

Quand le morceau choisi s'y prêtera, l'ordre et

l'enchaînement des idées seront étudiés ; l'idée générale que l'auteur a voulu mettre en relief sera recherchée et commentée.

Des remarques de toute nature sur l'emploi, l'orthographe et l'étymologie des mots fourniront également la matière d'explications aussi instructives qu'intéressantes.

Le côté moral du chapitre qui aura fait le sujet de la leçon ne sera pas négligé : on le mettra au grand jour afin que sa valeur ressorte davantage et on en déduira une règle de conduite qui pourra trouver toujours son application dans les évènements de la vie journalière.

Toutefois, il convient de conserver à la leçon de lecture son véritable caractère, et ne pas oublier qu'elle est par-dessus tout leçon de lecture, et non leçon de grammaire, d'histoire, de sciences ou de morale.

Quand elle a été comprise ainsi, elle ne peut manquer d'être excellente pour la culture intellectuelle et morale, et de donner à l'enfant les moyens de s'instruire lui-même avec le désir de le faire. Son esprit ayant été habitué à se diriger lui-même ; son goût et son jugement ayant été affermis et exercés, et sa curiosité sans cesse tenue en éveil ; l'expérience des années d'école lui ayant appris assez quelles ressources offrent les bonnes lectures et quelles satisfactions elles peuvent procurer, il y a tout lieu d'espérer qu'une fois sorti de l'école il aura à cœur de compléter le modeste bagage de science qu'il en emportera, qu'il cherchera dans la lecture des bons livres un aliment pour son intelligence, une règle pour son imagination, et des distractions salutaires, nombreuses et profitables, qui apporteront à son travail quotidien la diversion la plus heureuse.

Pour contracter d'aussi saines habitudes, il est indispensable que l'enfant ait conservé un bon souvenir de ses années de classe, qu'il y ait acquis et en ait gardé l'amour du travail, que le

Remarque très importante, mais qu'il faudrait mieux mettre en relief et développer davantage.

L'enfant aura plus tard à se mettre en garde contre les mauvaises lectures, à lutter contre les préjugés et les paradoxes dont les journaux sont remplis... Quelle conduite doit tenir le maître, quelles leçons doit-il donner pour que son élève, un jour, ne soit pas dupé ? Ce point méritait assurément examen.

livre ne l'ait ennuyé jamais un seul instant. L'écolier de cinq ans qui apprend l'alphabet au tableau noir n'aspire qu'au jour où il pourra lire enfin dans un livre de belles historiettes et y examiner de belles gravures : c'est son ambition, c'est son rêve de toutes les heures. Lire dans son livre, comme les grands : voilà pour lui le dernier mot de la science et du bonheur. Que ce livre chéri, ce premier livre, réponde donc à ce qu'il en espère ; qu'il soit doublement instructif et attrayant, afin d'être feuilleté souvent, bien souvent, en dehors de la classe, et n'amener jamais la fatigue ou le découragement.

Il faut enfin que, dans ce livre et dans ceux qui le suivront, l'enfant s'habitue à lire bien plutôt que beaucoup, à se rendre toujours compte de ce qu'il lit et « non seulement des mots, mais du sens et de la substance », qu'il y puise le goût des lectures sérieuses par la considération des bienfaits qu'il en retire et par l'amour du travail et du savoir, afin que, dans l'adolescence, comme dans l'âge viril, il aime à prendre le chemin de la bibliothèque scolaire, ne se borne pas uniquement à la satisfaction de ses besoins physiques, et vive, lui aussi, de cette vie intellectuelle et morale qui fait son vrai mérite et sa vraie grandeur, et qui est une parcelle de la vie intellectuelle et morale de son pays.

DE LA PRÉPARATION DES LEÇONS
A L'ÉCOLE PRIMAIRE

La science *livres que* tend à disparaître de nos écoles. Montaigne et Rollin ont protesté, il y a longtemps, contre l'usage du livre seul, et les pédagogues de notre époque sont tous d'avis que, pour donner de la vie à l'enseignement et de la couleur aux pensées, il faut autre chose qu'un manuel, il faut surtout la parole du maître : *illa viva vox*, dont parle Quintilien.

L'instruction primaire a pour but d'éveiller les facultés naissantes de l'enfant, de les développer, de les diriger, de faire trouver par l'élève lui-même une grande partie de ce qu'on veut lui apprendre, en un mot, de préparer à la société une jeunesse qui puisse lui rendre les services qu'elle a le droit d'en attendre.

Pour arriver à ce résultat, il doit y avoir dans toutes les classes des leçons orales nombreuses et sérieusement préparées.

La plupart de nos maîtres ont bien acquis à l'École normale des connaissances suffisantes sur les différentes matières inscrites dans les nouveaux programmes ; mais, en dehors de cette préparation générale, il importe, à mon avis, pour que l'enseignement soit bien donné, qu'il y ait une préparation spéciale s'appliquant directement aux leçons de chaque jour.

Les bons instituteurs ont même admis comme un axiome pédagogique « qu'aucune classe n'est bien faite si elle n'a pas été préparée dans tous ses détails ».

Nous n'avons nullement l'intention de chercher à rabaisser ici la valeur professionnelle du personnel enseignant, mais nous ne craignons pas d'affirmer que peu de maîtres ont le talent d'improvisation nécessaire pour pouvoir, sans préparation, faire des leçons complètes et méthodiques sur toutes les matières du programme de l'enseignement primaire.

Le maître le mieux doué et le plus instruit ne peut-il pas, dans ses entretiens, oublier quelques détails qui ne manqueraient pas d'intéresser les enfants ?

Eh bien ! si, après avoir jugé exactement le terrain parcouru précédemment, il a médité attentivement le sujet de chaque leçon, et s'il a eu soin de retremper ses souvenirs, et, à l'occasion, de compléter ses connaissances dans un manuel, cet inconvénient ne se produira pas, et son enseignement n'en sera que plus suivi, plus profitable.

D'ailleurs, un homme qui est chargé d'enseigner ne doit-il pas étudier toujours, pour ne pas désapprendre et pour se tenir au courant des progrès de la science qui, elle, avance toujours ?

Si élémentaire que soit son enseignement, un bon instituteur ne doit pas le livrer au hasard. Il faut que, dans tout ce qu'il fait, il sache à l'avance où il va et jusqu'où il peut aller, en réglant, cela s'entend, son allure sur celle du petit peuple qui l'écoute, et en conformant ses leçons au développement progressif des facultés intellectuelles et morales de son jeune auditoire.

On a dit, avec raison, à propos de l'enseignement, que celui qui ne put se borner ne sut pas enseigner.

D'autre part, il est reconnu par tous les pédagogues qu'une préparation consciencieuse des leçons contribue puissamment à assurer une bonne discipline dans l'école.

Tout maître a besoin, pour établir son autorité dans sa classe, de la confiance de ses élèves. Aucun moyen ne nous parait plus efficace qu'une préparation régulière et consciencieuse des leçons pour gagner cette confiance.

En effet, plus les leçons sont bien préparées, plus il est facile à l'instituteur de donner à sa parole « cette apparence d'improvisation qui fait l'intérêt de l'enseignement et la réputation de savoir du maître ».

Il ne faut pas oublier ce que La Fontaine a dit au sujet des enfants : *Cet âge est sans pitié!*

Les élèves seront vite disposés à se déclarer aussi capables que leur maitre, s'ils voient ce dernier faire machinalement toutes ses leçons dans les différents cours avec le livre en main, comme cela se fait encore aujourd'hui dans un trop grand nombre de classes.

De plus, rien ne contribue à faire perdre toute espèce d'ascendant et d'autorité à un instituteur comme d'avoir à renvoyer, sans cesse, les enfants au numéro ou à la page qui suit dans un livre que le maître lui-même s'est quelquefois dispensé d'ouvrir.

Quel effet déplorable ne produisent pas aussi auprès des élèves les questions d'un maître qui est obligé à chaque instant de demander à quel endroit on est resté la veille dans l'étude de telle ou telle matière.

Et quel temps précieux la jeunesse ne perd-elle pas dans les écoles où les leçons ne sont pas préparées!

Un inspecteur général de l'enseignement primaire n'a même pas craint d'écrire que « là où la préparation journalière manque, la classe est sans profit, les élèves faibles et le maître mauvais ».

Nous n'insisterons pas davantage sur l'importance ou plutôt sur la nécessité de la préparation des leçons. Nous allons essayer à présent de montrer comment il convient de faire cette préparation.

Il y avait autrefois dans toutes les écoles primaires un registre « destiné à recevoir, jour par jour, la préparation résumée des matières enseignées aux élèves des trois divisions, matin et soir ».

Mais la tenue obligatoire de ce registre uniforme, sur lequel on devait indiquer, dans un cadre tout tracé, non pas en quelques lignes, mais en quelques mots, les différents exercices de la journée, enlevait aux bons maîtres toute espèce d'initiative dans la préparation de leur enseignement.

Elle ne tarda pas à lasser les meilleures volontés, et l'arrêté du 14 octobre 1881 vint supprimer le « Journal de classe » sur la liste des registres, dont la tenue est exigée dans les écoles publiques.

Toutefois, M. le ministre de l'instruction publique, en supprimant le Journal de classe, n'a pas eu l'intention de supprimer la préparation des leçons et des devoirs, puisqu'il est dit dans la circulaire que « les bons instituteurs n'en continueront pas moins à faire chaque jour eux-mêmes, avec le même soin, avant d'entrer en classe, le choix des textes, des exemples, des exercices qu'ils comptent donner, de lire d'avance les morceaux qu'ils doivent expliquer, de rassembler les objets dont ils auront besoin pour la leçon de choses, de régler enfin la marche de leur enseignement. Quant aux autres, ce ne serait pas en les obligeant à jeter à la hâte quelques lignes sur un registre pour simuler une préparation, qu'ils n'avaient pas faite, qu'on parviendrait à améliorer leur enseignement.»

La préparation des leçons peut se faire de deux manières, soit mentalement, soit par écrit.

Nous préférons de beaucoup la préparation écrite. Elle est peut-être plus longue ; mais l'écriture a l'avantage de laisser dans l'esprit une impression plus profonde, dans la mémoire une trace plus durable. On prétend même que, pour avoir une idée nette des choses, il faut les avoir écrites.

Dans une école à plusieurs classes, la préparation écrite permet aussi au Directeur de se rendre compte très facilement de ce que ses adjoints font chaque jour.

Mais, au lieu de cette ébauche de préparation, que l'on trouve encore aujourd'hui dans beaucoup d'écoles, et qui consiste à écrire tout simplement sur des cahier établis *ad hoc* le titre de la leçon de grammaire, le règne qui fera l'objet de la leçon d'histoire, le bassin qui sera étudié en géographie, etc. etc., au lieu de cette préparation, qui ne prouve absolument rien, nous recommanderions volontiers pour les différentes matières du programme, donnant lieu à des leçons orales tout à fait obligatoires (nous citerons ici la langue française, l'histoire, la géographie, l'instruction morale et civique, les sciences mathématiques, physiques et naturelles, les leçons de choses, l'agriculture et l'horticulture), un procédé de préparation écrite que nous avons vu employer avec beaucoup de profit.

Ce procédé consiste à rechercher tout d'abord ce que l'on va dire sans s'étendre à des considérations inutiles, en un mot, à se faire un plan complet et précis de chaque leçon avec ses principales divisions, puis à transcrire sur un cahier ordinaire (il serait bon, à notre avis, d'avoir un carnet spécial pour chaque matière du programme), dont on laisse au moins les deux tiers des pages en blanc, le plan de la leçon en indiquant les exemples à donner ou les points sur lesquels il conviendra d'attirer plus particulièrement l'attention des enfants.

Le plan fait par le maître est même écrit au tableau pendant l'explication de la leçon ; il est ensuite copié sur le cahier-journal par tous les élèves, qui s'en servent comme d'un guide pour l'étude de chaque leçon.

C'est aussi un excellent moyen de contrôle pour l'inspection, qui peut s'assurer, par l'examen des cahiers, que toutes les leçons orales ont été faites régulièrement dans l'ordre indiqué à l'emploi du temps.

Après la récitation de chaque leçon, il est toujours fait mention sur le cahier de préparation du maître des résultats obtenus.

L'année suivante, lorsque la même leçon doit être exposée aux enfants, l'instituteur médite de nouveau son sujet, et, si les résultats obtenus antérieurement n'ont pas été satisfaisants, il cherche à modifier son plan, il ajoute de nouveaux détails ou de nouveaux exemples dans la marge de son cahier. Il retranche complètement ce qui n'a pas été goûté par les enfants.

Au bout de quelques années, en procédant de cette manière, en ajoutant souvent, en retranchant quelquefois, en tenant pour ainsi dire son cahier de préparation au pair avec les progrès de son esprit, et les besoins de son enseignement, un bon instituteur se fera une ample provision de matériaux, qui le dispenseront alors d'un long travail de préparation.

Les résultats de ces observations personnelles seront pour lui d'excellents documents pédagogiques qu'il pourra toujours consulter et qui lui seront de la plus grande utilité pendant toute sa carrière dans l'enseignement.

Pour les leçons de lecture et de récitation, il importe que le maître choisisse préalablement les textes avec beaucoup de soin, qu'il les lise lui-même plusieurs fois avant la classe, qu'il en découvre l'utilité au point de vue des connaissances à donner à ses élèves, et qu'il cherche toujours à se faire une idée exacte de l'influence que pourra exercer la lecture ou la récitation de tel ou tel passage sur le développement de l'intelligence et du sens moral des enfants.

Il est bon aussi que le maître prenne par écrit, sur son cahier de préparation, quelques notes relativement au sens général de chaque morceau, à l'enchaînement des idées, à la valeur de la composition au point de vue littéraire. Un petit résumé fait à l'avance serait quelquefois très utile.

Le maître ne négligera pas non plus d'indiquer les mots et les phrases difficiles qui doivent donner lieu à des explications, s'il veut que les leçons de lecture et de récitation produisent dans sa classe tous les résultats qu'on peut attendre de cette partie de l'enseignement quand elle est bien entendue.

DE LA CORRECTION DES DEVOIRS

Son importance. — Comment il convient de corriger :
1º les différents devoirs journaliers donnés dans les trois
cours d'une école primaire ; 2º les devoirs mensuels.

RÉSOLUTIONS ARRÊTÉES EN CONFÉRENCE

I. — IMPORTANCE ET NÉCESSITÉ

Les instituteurs et les institutrices,

Considérant que la correction des devoirs permet seule
de rendre profitable le travail fait sans le secours immédiat du maître ; qu'elle signale les idées fausses, celles
qui ne sont pas entièrement comprises, et, en général,
tout ce qu'un travail a de défectueux ; que par suite elle
indique le point faible, celui sur lequel doivent porter les
explications du maître ;

Considérant que l'examen fréquent des devoirs journaliers donne au maître la connaissance exacte des aptitudes particulières dont l'ensemble détermine la valeur
générale de sa classe, connaissance qui lui est indispensable, s'il veut graduer son enseignement de manière à
lui faire produire les meilleurs fruits ; qu'il est incontestable que la certitude d'une correction sérieuse est un

stimulant pour l'élève ; que celui-ci est obligé de prêter une plus grande attention aux explications préalables et de soigner l'exécution de son travail ;

Considérant enfin que, par l'éloge ou le blâme dont elle est suivie, elle est un puissant moyen d'émulation et d'éducation ;

Que les autorités scolaires et les familles y trouvent une preuve palpable du travail du maître et de son dévouement ;

Reconnaissent unanimement que la correction des devoirs à l'école primaire a une importance capitale et qu'elle est, par suite, d'une nécessité absolue.

II. — COMMENT ELLE DOIT SE FAIRE
OBSERVATIONS GÉNÉRALES

Considérant que la correction sera d'autant plus facile que les devoirs seront donnés avec mesure, qu'ils auront été bien préparés et appropriés au degré intellectuel des élèves ;

Que la présence des élèves permet seule de tirer tout le parti possible de la correction ;

Que la correction en commun est à la fois commode et rapide ;

Que la correction minutieuse dans le cabinet de tous les devoirs d'une classe nombreuse serait impossible ; que d'ailleurs elle ne donnerait pas des résultats en rapport avec le travail accablant qu'elle imposerait ;

Que les questions orales et l'émulation qui en résulte portent les élèves à signaler le pourquoi de la faute ; qu'ils sont ainsi amenés à indiquer eux-mêmes la rectification à opérer ;

Considérant, d'un autre côté, que la parole, même celle du maître le plus écouté, ne laisse souvent que des traces peu durables dans l'esprit des enfants ;

Que la diversité des remarques orales, excluant tout ordre méthodique, les rend fugitives ;

Que l'élève éprouve une réelle satisfaction à voir ses travaux annotés de la main même du maître : qu'il lit d'un œil attentif les mêmes choses qu'il écouterait d'une oreille distraite ;

Considérant encore que, s'il est des devoirs dont la correction en dehors des classes est reconnue nécessaire, il en est d'autres qui peuvent avantageusement faire l'objet d'une correction orale et collective ;

Que le nombre des élèves est parfois un obstacle matériel et sérieux à la correction individuelle ; -

Qu'il convient, dans cette question, de tenir compte du nombre des élèves et de la nature de l'école ;

Estiment que les devoirs doivent être préparés et expliqués avec soin et bien appropriés à la force des élèves ;

Admettent la correction écrite combinée avec la correction orale ; que l'une et l'autre doivent être faites, autant que possible, en présence des élèves et avec leur concours ; que seuls les devoirs de style et autres devoirs similaires nécessitent une correction en dehors des classes. (Art. 19 de l'arrêté du 18 janvier 1887.)

III. — OBSERVATIONS SPÉCIALES A LA CORREC-TION DE CHAQUE GENRE DE DEVOIRS ET PRO-CÉDÉS EMPLOYÉS.

A. — *Dictées et exercices orthographiques*

COURS ÉLÉMENTAIRE

Considérant que, dans ce cours, l'écriture est encore peu régulière, l'épellation laborieuse ;

Que les différents systèmes de correction doivent varier avec l'habileté et le degré d'instruction des élèves ;

Estiment que la préparation et la correction doivent se faire au tableau noir d'une façon collective d'abord, après quoi, chaque élève, sous la surveillance du maître ou d'un moniteur, rectifiera son travail personnel sur le travail de préparation au tableau noir ;

Qu'il serait bon, dans la première année du cours élé-mentaire, de faire recopier la dictée après correction.

COURS MOYEN ET SUPÉRIEUR

Considérant que les élèves de ces cours font déjà moins de fautes ;

Qu'il importe de gagner du temps en ne négligeant pas toutefois de rendre la correction profitable et com-plète ;

Sont d'avis que la correction doit être simultanée avec ou sans échange de cahiers, et avec épellation par les élèves ;

Que, dans le cours supérieur, les mots ne présentant

aucune difficulté soient simplement lus, les fautes simplement soulignées et corrigées ensuite par les auteurs du devoir, soit dans la marge, soit à la suite de la dictée.

B. — *Composition française*

COURS ÉLÉMENTAIRE

Considérant que, dans ce cours, les devoirs de rédaction consistent le plus souvent en réponses à un questionnaire, en phrases à terminer, en récits très succincts ;

Que, préparés en commun par le maître et par les élèves, ils diffèrent peu dans la forme et dans le fond ;

Estiment que les devoirs devront être l'objet d'une correction individuelle faite par le maître, qui s'appliquera à rectifier la plupart seulement des erreurs orthographiques et à corriger les fautes de construction les plus grossières ; — qu'à la leçon suivante, elle sera complétée par une correction collective au tableau noir.

COURS MOYEN ET SUPÉRIEUR

Considérant qu'ici la rédaction doit présenter un caractère plus personnel ;

Que, cependant, pour former les enfants à la rédaction, il convient, tout en leur laissant une certaine initiative, de les guider dans la recherche des idées et de leur donner, dans bien des cas, selon leur âge et leurs aptitudes, la forme sous laquelle elles peuvent être correctement exprimées ;

Estiment que la correction des devoirs de style échappe par sa nature même, par la minutie de ses détails et la

variété des applications, à l'indication de règles générales et précises, et qu'il convient de laisser au maître
toute latitude pour arriver à faire du devoir remis par
l'élève un travail correct et acceptable;

Que la valeur du devoir soit donnée par une note
chiffrée suivie d'une courte appréciation écrite sur le
fond du devoir, la forme sous laquelle les idées sont pré-
sentées;

Qu'un compte-rendu et une correction collective d'un
certain nombre de devoirs, choisis parmi les médiocres,
les passables et les bons, viennent compléter la correction individuelle.

C. — *Arithmétique et Géométrie*

COURS ÉLÉMENTAIRE

Considérant que, dans le cours élémentaire, les élèves
ne peuvent travailler sans guide;

Qu'ils sont encore peu familiarisés avec la pratique des
quatre opérations ;

Estiment que la préparation des exercices du calcul
doit se faire collectivement au tableau noir ; après quoi
chaque élève reproduira les mêmes opérations sur son
cahier-journal ; que la correction ait lieu ensuite à tour
de rôle par les élèves qui rectifieront eux-mêmes, sur
leur cahier, sous le contrôle du maître ou d'un moniteur.

COURS MOYEN ET SUPÉRIEUR

Considérant que, dans les cours moyen et supérieur,
les leçons d'arithmétique et de géométrie donnent lieu à

des exercices d'application qui comportent une marche, un raisonnement ;

Que ces devoirs sont éminemment propres à développer chez les élèves le goût, l'ordre, par la disposition à leur donner ;

Sont d'avis que chaque élève doit présenter sur son cahier-journal les opérations et la solution ; qu'une correction, collective au tableau noir, individuelle sur le cahier, ait lieu ensuite par les élèves avec le concours du maître :

Qu'au cours supérieur on suive le même procédé que dans le cours moyen, en faisant toutefois une part plus large au travail personnel de l'élève et à la correction individuelle.

D. — Devoirs écrits sur la morale, l'instruction civique, l'histoire, la géographie, les sciences physiques et naturelles.

Considérant que ces sortes de devoirs sont présentés généralement sous forme de questions et quelquefois de devoirs de style ;

Sont d'avis que, dans le premier cas, ils peuvent être corrigés par les élèves eux-mêmes ; que, dans le second, la correction soit assimilée à celle de la composition française.

E. — Écriture

Considérant que la répétition d'un principe exposé au tableau noir a pour résultat de le graver dans l'esprit des élèves ; qu'il importe d'en surveiller immédiatement la première application, afin de ne pas laisser se répéter les imperfections constatées ;

Considérant qu'en écriture, comme en toutes choses, on ne doit pas s'attacher à corriger tous les défauts à la fois, mais chercher à les faire disparaître un à un ; que l'enfant est essentiellement imitateur ;

Considérant enfin que certains défauts sont, au point de vue de l'écriture, communs à tous les élèves ;

Estiment : 1° que le maître fasse, au début de la leçon, un exposé des principes sur lesquels il veut appeler l'attention des enfants ;

2° Que, pendant la leçon, il soit auprès de chaque élève ou tout au moins du plus grand nombre, pour faire ses observations au point de vue de la tenue du corps, de la plume et du cahier, et rectifier les lettres mal faites ;

3° Qu'il recoure à la correction au tableau noir chaque fois qu'il rencontrera une faute commune à toute la classe.

F. — Dessin. — Exercices cartographiques

Considérant qu'une leçon de dessin ne peut être efficace qu'autant qu'elle est faite et corrigée directement par le maître ; qu'il convient de s'assurer que les explications ayant trait à l'exactitude, à la position, aux dimensions relatives des lignes ont été comprises ;

Qu'en dessin, comme en écriture, l'exemple du maître produit toujours des résultats très appréciables ;

Considérant aussi que les exercices cartographiques se rattachent en quelque sorte aux exercices de dessin ;

Sont d'avis que ces sortes de devoir soient l'objet d'une

correction individuelle au cours même de la leçon, et que le maître recoure au tableau noir quand il le jugera nécessaire.

IV. — *Devoirs mensuels*

Considérant que le cahier de devoirs mensuels est l'historique des études primaires de l'enfant ;

Qu'il est pour l'élève et le maître la constatation du progrès accompli ;

Que le devoir doit être l'expression sincère du savoir de l'élève ; que celui-ci, après les corrections, doit toujours pouvoir y retrouver son travail personnel ;

Que des corrections trop nombreuses seraient nuisibles à l'aspect du cahier ;

Estiment que les corrections de ce cahier doivent être faites dans la même forme et par les mêmes procédés que celles du cahier-journal, mais sobrement, d'une façon soignée, très apparente, et par le maître lui-même ;

Que, dans l'appréciation du devoir, la note générale qui en résulte doit être inspirée par la comparaison de l'élève avec lui-même au point de vue du progrès et du travail ;

Que, si le devoir a servi de composition, une note chiffrée peut servir à établir son classement.

TABLE DES MATIÈRES

DEUXIÈME PARTIE. — Nᶜˢ 26 A 50

Pédagogie pratique

HUIT SUJETS TRAITÉS

Avec notes, observations, remarques des correcteurs

Apprendre à voir, tel est le but de l'auteur dans cette première partie.

De l'examen des faits observés il déduit les grandes lois de la perspective et les énonce sous une forme *précise, mathématique*, tout en évitant les démonstrations abstraites, les termes par trop techniques.

La seconde partie expose, en une série d'études graduées, la méthode *uniforme et absolument générale* qui permet d'appliquer les lois de la perspective à la reproduction de *tous les modèles possibles*, depuis les plus simples objets usuels jusqu'à la figure humaine.

A l'exposé de cette méthode sont joints tous les détails qu'il est utile de connaître pour *l'exécution matérielle* d'un dessin, depuis le simple tracé d'un trait à main-levée jusqu'à l'indication des ombres et du modelé des corps.

En un mot, l'auteur ne s'est point contenté d'exposer les lois et les principes du dessin ; il a voulu ne rien négliger de ce qui peut en faciliter l'application par les débutants les moins expérimentés.

Ce livre sera, croyons-nous, un utile auxiliaire pour les maîtres ; il pourra les suppléer auprès des élèves en mainte circonstance. Pour les élèves, il sera un maître toujours présent, toujours prêt à les conseiller, à répondre à toutes les questions de *théorie* ou de *pratique* dont ils seraient embarrassés.

EXTRAIT DE LA PARTIE THÉORIQUE

3. — Influence qu'exerce la hauteur de l'horizon sur la forme apparente des corps

Examinons la figure 22 ; elle représente deux dessinateurs assis sur des gradins et occupés à reproduire un cratère antique.

Pour l'observateur placé en A, la ligne d'horizon se trouve à une certaine distance au-dessus du modèle. Il le domine donc, et son regard peut, en partie, plonger à l'intérieur du vase.

Il n'en est pas ainsi pour le second dessinateur placé en B, dont le regard passe par le tiers supérieur du cratère. Toute cette partie supérieure du modèle est vue *en dessous* par ce dernier observateur.

Il en résulte donc, de la position particulière de chacun d'eux, une forme apparente spéciale. C'est cette forme que nous indiquons en marge de la figure.

Fig. 22.

De cet exemple nous pouvons déduire ce principe général : *La hauteur relative de l'horizon est une des causes les plus importantes des modifications que subit l'aspect d'un corps.*

Il est donc indispensable, avant de dessiner un objet quelconque, de déterminer la position que cet objet occupe à l'égard de l'horizon.

Nous avons dit plus haut que l'horizon est toujours à la hauteur des yeux.

Il suffit donc de regarder bien en face de soi, *ni haut ni bas;* l'horizon passerait au point où se porte notre vue quand nous regardons ainsi.

Malgré la simplicité de ce procédé, la plupart des débutants ont une tendance à placer l'horizon plus haut qu'il ne l'est.

Il est facile de se corriger de ce défaut. On se place à quelques mètres d'une muraille et l'on essaye d'estimer à simple vue la hauteur de l'horizon sur cette muraille. Puis on s'avance jusqu'au mur. Si l'estimation est exacte, les points déterminés doivent être rigoureusement à hauteur des yeux. Dans le cas contraire, l'écart nous indique de combien et dans quel sens nous faisons erreur.

En répétant cet exercice un certain nombre de fois, l'œil s'habitue à reconnaître vite et bien la hauteur de l'horizon.

Du reste, en matière de dessin, l'éducation de l'œil est un point capital. Celui qui ne sait pas voir est incapable de dessiner.

COURS PRATIQUE D'ARITHMÉTIQUE

PAR

Albert DUPAIGNE (✵ I. P.)

Ancien élève de l'École Normale supérieure, Agrégé des Sciences
Ancien professeur au Collège Stanislas, Inspecteur primaire à Paris.

Et R. DAMBLEMONT

Directeur d'École Communale à Paris

L'Arithmétique du Cours élémentaire. *Numération avec figures. — Calcul mental. — Système métrique. — Calcul écrit : les quatre règles. — Notions très sommaires de Géométrie. — Exercices variés.*

Un volume in-12 avec de nombreuses figures.... Cartonné. **0 fr. 60**

L'Arithmétique du Certificat d'études (COURS MOYEN) *Calcul mental, calcul écrit. — Nombres entiers, nombres décimaux. — Système métrique. — Géométrie pratique et arpentage. — Fractions. — Rapports. Proportions, Intérêt, Escompte, Mélanges et Alliages. — Notions élémentaires de commerce. — Racine carrée. — 1400 exercices et problèmes dont 400 recueillis aux derniers examens du certificat d'études.*

Un volume in-12 avec figures. .... Cartonné **1 f. 30**

Avertissement. — Beaucoup d'efforts ont été tentés dans ces dernières années pour rendre plus pratique l'enseignement de l'Arithmétique. Ce livre est un effort de plus.

Il faut bien le reconnaître, la plupart des enfants, après six années passées à l'école, connaissent mal nos principales unités métriques, et parviennent à grand'peine à résoudre les petits problèmes du certificat d'études; ils sont obligés de prendre la plume pour faire les calculs les plus simples. A quoi cela tient-il?

A ce que, sous prétexte d'habituer les élèves à compter sûre-

ment, on leur fait encore faire, pendant plusieurs mois de l'année, de ces interminables opérations, véritables tours de force
de calcul, bien inutiles dans la pratique. C'est parce que l'on
s'ingénie à compliquer les problèmes les plus simples, qu'on
arrive ainsi à inspirer aux meilleurs élèves une sorte de répul-
sion pour tout ce qui touche à l'Arithmétique.

Il faut abandonner ces procédés surannés et habituer l'enfant,
dès l'école, à résoudre les questions qui peuvent se présenter
dans les conditions ordinaires de la vie.

L'auteur, dans cet ouvrage, donne au *calcul mental* la première place : il fait faire oralement d'abord toutes les opérations
qu'il apprend ensuite à faire par écrit. Pénétré de ce principe
que l'enfant ne retient bien que ce qu'il comprend, il ne bannit
pas la théorie, que certains auteurs trouvent trop aride pour nos
élèves ; mais il emploie pour eux une théorie spéciale, voisine de
la théorie scientifique, et destinée seulement à les éclairer ou à
fixer leurs souvenirs.

Il évite les formes abstraites qui ne parlent pas à l'esprit de
l'enfant, et il apporte tous ses soins à l'étude approfondie des
diverses unités, décimales ou autres, qui peuvent être employées
dans la pratique courante des quatre règles.

L'application des *mesures de surface et de volume* ne peut se
faire sans une connaissance, au moins superficielle des procédés
géométriques employés pour l'évaluation de ces surfaces et de
ces volumes. L'auteur ne se borne pas à donner des formules,
comme cela se fait le plus habituellement, il y joint des démonstrations fort simples, qui permettent à l'élève de comprendre ces formules et de les retrouver au besoin.

L'étude des *fractions*, qui effraie un si grand nombre d'élèves,
est rendue facile, grâce aux procédés spéciaux, très simples
aussi, employés par l'auteur.

Dans les chapitres suivants: *Proportions, Intérêt, Escompte,
Alliages, Mélanges.* etc., comme aussi dans les *Notions élémentaires de Commerce*, que l'auteur a jugées indispensables, on
reconnaitra le même souci, de faire pratique, et, pour cela, de
faire simple.

La disposition matérielle de l'ouvrage indique par elle-
même quel usage on doit faire de ce petit livre.

La **Partie théorique** est imprimée en caractères très lisi-
bles, parmi lesquels des caractères plus noirs font ressortir les
mots importants.

Elle est suivie de **Résumés** très concis et très nets, destinés
à être appris par cœur.

Des **Questionnaires**, correspondant à tous les numéros du
texte facilitent l'étude des leçons. Enfin, de très nombreux **Exercices d'application**, problèmes types pour la plupart, viennent
compléter cet ensemble.

L'ouvrage est terminé par une nombreuse collection de problèmes donnés dans les examens du Certificat d'études.

Tel qu'il est, nous croyons que ce petit livre peut rendre des
services et aider puissamment les maîtres à donner aux enfants un enseignement pratique.

Documents manquants (pages, cahiers...)
NF Z 43-120-13